Journaliste vivant sur Paris, **Valentine Maingault** est une grande fan de comédies romantiques.
Chaque année, dès le mois d'octobre, c'est le même rituel : elle passe des heures à lire et à regarder des romances de Noël sous son plaid adoré (hélas, elle n'a pas de cheminée). Son seul veto ? Les héroïnes soi-disant « artistes » dont les œuvres semblent avoir été peintes par un enfant de trois ans. Ça, c'est NON.
Dans *Comme dans une romance de Noël… ou pas !*, vous découvrirez son trope préféré.
À la fin, c'est lui qui l'emporte… forcément !

Ce livre est également disponible
au format numérique

www.editions-hauteville.fr

Valentine Maingault

Comme dans une romance de Noël... ou pas !

Hauteville

Hauteville est un label des éditions Bragelonne

Directeur : Antoine Béon
Directrice de la publication : Claire Renault Deslandes
Directrice éditoriale : Julia Leloup
Directeur artistique : Fabrice Borio

ISBN : 978-2-38122-993-5

Bragelonne – Hauteville
58, rue Jean Bleuzen – 92170 Vanves

E-mail : info@editions-hauteville.fr
Site Internet : www.editions-hauteville.fr

Pour Brune,

Merci pour le joyeux bazar que tu mets dans nos vies.

1

Un terrible constat

Samedi 19 novembre

Dix scénarios. Dix possibilités. Dix façons de trouver l'amour ou de… déchanter !

Je ne sais même pas comment j'ai pu me retrouver dans cette situation. Enfin si, je sais. C'est la faute de Maurice et de sa maladresse invétérée.

Quand mon réveil a sonné à 8 h 15 ce samedi 19 novembre, je n'avais qu'une envie : envoyer un message aux filles, annuler l'aquagym et traîner dans mon lit sous ma couette adorée en écoutant le chat ronronner. Quelle bêtise d'avoir choisi un cours aussi tôt le week-end ! Il n'y avait absolument aucune chance que je me motive à y aller en plein automne alors que, dehors, il fait – 20 °C. Évidemment, j'exagère, mon iPhone indique actuellement 6 °C, mais il fait vraiment très froid et, surtout, le propos ne change pas : je n'étais absolument pas motivée à l'idée d'immerger mon corps fatigué dans l'eau ce matin.

Hélas pour moi, le chat a une nouvelle fois vomi ses croquettes, et j'ai été contrainte de me lever. Malgré moi donc, je me suis préparée en rouspétant et je n'ai pas manqué de lui lancer un regard noir en fermant la porte.

Non pas que je le soupçonne de faire exprès…

Après dix bonnes minutes de marche à essayer de me réchauffer en buvant mon traditionnel chocolat chaud, j'arrive dans les vestiaires de la piscine municipale Bernard Lafay du 17e arrondissement de Paris. Il est 8 h 55 quand j'enfile mon maillot qui commence à dater. Je me tortille et me tiens sur la pointe des pieds, dépitée de ne pas avoir trouvé mes tongs à la maison. Aucune motivation donc, et certainement une mycose à la clé!

Comme chaque samedi, je suis la dernière arrivée. Notamment parce que j'ai toujours le malheur de choisir un casier cassé! Et que ma frange rideau refuse de se glisser docilement dans mon bonnet, qui mériterait lui aussi d'être remplacé. Je saute dans le bassin. Enfin, je rentre difficilement dans l'eau qui est pourtant à 28 °C. Fanny et Emma, mes deux meilleures amies, discutent avec Rose, une charmante retraitée avec qui nous nous sommes liées d'amitié. Rose a soixante-quatorze ans, mais je nierai l'avoir révélé. Il faut dire que la moyenne d'âge du cours est plutôt élevée: approximativement… un bon soixante-dix ans. Autrement dit, les bonnets de bain sont d'une autre époque, et les poitrines, elles, coulent plus qu'elles ne flottent depuis longtemps. Mais, avec Fanny et Emma, on aime se défouler dans l'eau, sans suer ni se ruiner. Et, en plus, ce sport nous permet de raconter nos vies et de nous plaindre.

Un peu.

Trop.

Comme d'habitude, je constate que Lucienne, Martine et Josée se sont battues pour avoir les places au premier rang afin de mater tranquillement notre prof, Alban. Elles enchaînent les échauffements tout en arrangeant leur décolleté, pendant que je prends place, frigorifiée, au fond du bassin.

—Alors quelles sont les nouvelles de la semaine, les filles? nous demande Rose, pimpante dans un nouveau maillot de bain bleu liberty.

— Nuit très courte et réveil trèèèèès compliqué, répond Fanny qui, malgré sa gueule de bois, s'active déjà.

Ça sent le coup d'un soir foireux dont mon amie a le secret. Coup d'un soir qu'elle nous raconte toujours au détail près.

— Tu ne vomis pas dans la piscine, hein ! s'inquiète Emma. Si tu te sens mal, tu sors de l'eau immédiatement.

Emma s'inquiète souvent.

Même pour les gens qu'elle ne connaît pas.

C'est comme ça qu'on a sympathisé il y a cinq ans à un cours de yoga. Solaire, avec ses longs cheveux roux clair, elle a insisté pour que j'emprunte ses briques pour la posture du dragon, m'affirmant ne pas en avoir besoin. Et elle ne mentait pas. Emma et sa silhouette longiligne ont enchaîné les positions à la perfection, alors que mon petit corps n'a pas cessé de craquer. J'ai décidé de ne pas continuer le yoga, mais depuis, nous sommes amies. Comme quoi, c'est vraiment un sport qui change la vie !

— Et toi, Manon ? Rien à signaler d'intéressant ? poursuit Rose, qui adore nous tirer les vers du nez.

— Non, rien de mon côté… C'était une grosse semaine au boulot. J'ai juste commandé des sushis et j'ai comaté dans mon canapé devant mon premier film de Noël de la saison, mais…

— Les filles, vous êtes prêtes ? On va commencer à s'échauffer ! hurle Alban en mettant la musique à fond.

Mes jambes se mettent assez difficilement en mouvement, et pourtant j'ai dormi dix heures d'affilée. Au même moment, Maurice, vêtu de son atroce slip de bain fuchsia, franchit le pédiluve. Il est en retard comme d'habitude, et comme toujours il s'entête à courir, alors que c'est contraire au règlement.

— Vous n'alliez quand même pas commencer sans moi ! s'offusque-t-il avec humour en regardant Alban au lieu de… l'énorme flaque d'eau qui l'attend juste devant.

Maurice n'a pas le temps de comprendre quoi que ce soit que ses pieds se mettent à glisser. Incapable de retrouver son équilibre, il tombe en avant et sa tête heurte… le rebord de la piscine. Martine se met à hurler, Josée continue de bouger comme si de rien n'était, et Alban se précipite vers lui, en demandant à son collègue d'appeler les pompiers.

Et c'est ainsi que notre cours a été annulé. Les filles et moi avons été contraintes d'évacuer le bassin. Maurice, lui, a quitté les lieux, allongé sur une civière. Et en slip fuchsia. Je m'en veux. Certes, je n'avais pas envie d'y aller, mais je ne voulais pas non plus que celui qu'on surnomme « l'homme aux maillots de bain riquiqui » se blesse. Pour Emma, médecin généraliste depuis un an, il est très probable qu'une hanche soit cassée. Fanny, elle, est convaincue d'avoir vu quelques gouttes de sang et parie sur une « arcade sourcilière amochée ». Une chose est sûre : en ce samedi matin, Maurice a perdu toute dignité. Et il s'apprête à attraper froid.

Une fois rhabillée, je retrouve Rose, Fanny et Emma à l'entrée. La décision est vite prise de remplacer le cours par un copieux petit déjeuner à *La Rotonde*, notre QG. Car oui, nous avons pour principe de récupérer rapidement les calories pourtant brûlées avec difficulté ! Malheureusement pour moi, je n'ai même pas le temps de croquer dans mon pain au chocolat que Fanny reprend notre conversation là où on l'avait laissée.

— Mais quoi, Manon ?! Qu'est-ce que tu nous as regardé encore comme niaiserie hier soir ? Et attends, le 18 novembre, il y a déjà des films de Noël à la télé ? me demande celle qui ne partage pas ma passion pour les romances pleines de bons sentiments.

— Mais… Rien. Vous allez vous moquer, je me tais.

— Mais non, Manon, tu peux y aller, m'assure Rose, curieuse de savoir ce qu'il en est.

— OK, mais interdiction de rigoler. Surtout toi, Fanny. Je… Je n'ai pas aimé et je ne comprends pas pourquoi. En plus, il était comme les cent derniers que j'ai vus. Il cochait toutes les cases, mais j'ai passé la moitié du temps à traîner sur Instagram et, pire, je me suis surprise à me dire que c'était trop…

— Niais ? Mal joué ? Invraisemblable ? Mal doublé ? Ridicule ? me coupe Fanny, qui s'en donne à cœur joie.

— Très drôle, Fanny. Mais oui, c'est à peu près ça. Je ne comprends pas ! La magie a toujours opéré mais, cette fois, j'ai eu envie de claquer l'héroïne, Melissa, qui marchait dans la rue « prétendument » enneigée, sans écharpe et avec un manteau dévoilant un col en V.

— Il y a forcément une explication, affirme Emma. Tu avais eu une contrariété au boulot ? Le héros était moins beau ? Ou non, attends, c'était une vieille histoire avec un ange gardien ? Non, parce que les films avec des anges gardiens, c'est un grand NON.

— Non, non, tout y était, tout, mais tout m'a horripilée. L'appartement décoré pour un budget avoisinant les 10 000 euros, la tante qui présente son petit neveu photographe fraîchement débarqué du Pérou… Bien entendu, beau, gentil et prêt à se caser, le petit neveu, alors que, dans la vraie vie, il enchaînerait les coups d'un soir sur Tinder et compagnie !

Les filles me dévisagent, silencieuses, alors je continue de vider mon sac. Comme si mon coup de gueule était raisonné. Et justifié.

— Bref, au lieu de me détendre, je me suis mise à détester Melissa et ses sablés de Noël « saupoudrés de cannelle ». Déjà, je déteste la cannelle et, ensuite, qui emploie encore le verbe « saupoudrer » ? Paniquée à l'idée de ne plus aimer les comédies romantiques, j'en ai lancé une autre. C'était une inédite avec le blond qu'on voit tout le temps et que j'adore… Mais pareil, j'ai eu envie de secouer l'héroïne et son manteau beige même pas bouloché.

— Mais non, Manon, serait-il possible que ce jour soit enfin arrivé ?! Aurais-tu enfin atteint ton quota de romances à la noix ? À quelques jours de décembre par-dessus le marché ?!

Fanny ne s'arrête jamais.

— Je vous avais prévenues que c'était ridicule. Et je t'avais interdit de te moquer, Fanny !

Je sais que ce constat n'a rien de choquant ni de terrible. Sauf pour quelqu'un comme moi. Quelqu'un qui adore les comédies romantiques depuis huit, non dix, non bien douze ans. Mon Dieu, je vais avoir vingt-neuf ans ? Les « gens comme moi » savent que c'est niais et complètement insensé. Mais ce n'est pas grave : car les « gens comme moi » veulent rêver, anticiper les péripéties d'une histoire vue et revue et frissonner au moment de voir les deux héros s'embrasser.

— Fanny, arrête de l'embêter. On est d'accord, ces films sont particulièrement idiots, mais peut-être que les intrigues se réalisent dans la vraie vie, parfois, non ? intervient alors Emma en attachant sa longue chevelure, comme elle doit le faire à son cabinet face à un patient compliqué.

— Mais non, jamais ! Rien n'est réaliste. Absolument rien. Les tropes sont tous plus invraisemblables et ridicules les uns que…

— Les quoi ? m'interrompt Rose, qui sirotait tranquillement son cocktail mimosa.

— Pardon, Rose, j'oubliais que vous n'êtes pas une initiée. Les tropes, ce sont les scénarios utilisés. Il y a un certain nombre de codes à respecter dans mes « niaiseries », comme dirait Fanny… Les mêmes schémas se répètent à longueur de pages et de séries. Des coups de pouce du destin, des planètes parfaitement alignées, des trous paumés où vivent dix beaux gosses au kilomètre carré. Comme si tout ça existait…

— Ma Manon, tu ne penses pas que tu as eu cette « révélation » parce que tu en as marre de ne pas trouver quelqu'un ? m'interroge Emma, qui devrait un peu moins s'intéresser aux autres selon moi.

— Non, non… C'est juste que… les scénaristes vendent des mensonges et nous font espérer n'importe quoi. Et ça m'énerve.

Maintenant. Comme si je pouvais tomber nez à nez avec un pote de lycée devenu milliardaire et philanthrope après m'être fait larguer, ou que j'allais trouver l'amour de ma vie en échangeant mon studio contre un cottage anglais !

— En même temps, qu'est-ce que tu en sais ? Tu as déjà essayé d'échanger ton appartement ou de retrouver un copain du lycée ? intervient Rose, amusée.

— Non, mais…

— Rose, vous m'intriguez : qu'êtes-vous en train de suggérer ? me coupe Fanny d'un air beaucoup trop enjoué.

— Ça me semble évident : Manon n'aime plus les comédies romantiques parce qu'elle en a marre de juste les regarder. Alors qu'elle pourrait les vivre ! Parce que je suis d'accord avec Emma, les histoires à l'eau de rose existent vraiment. Je peux te citer des dizaines d'exemples autour de moi.

— Je n'en doute pas, Rose, mais les temps ont changé, argumenté-je maladroitement.

— Ah non ! Vous n'allez pas recommencer avec votre discours de « C'était plus facile avant », proteste Rose, faussement fâchée. Tu dis que ce sont toujours… Comment tu les as appelés déjà… ? Les mêmes « tropes », voilà. Et si on les confrontait à la réalité ? Tu as l'air sûre de ne pas trouver l'amour « comme dans les films », mais pourquoi ne pas vérifier ? Au pire, c'est rigolo, au mieux, tu finis casée, non ?

J'en suis bouche bée. Et Fanny ajoute :

— Non mais, Rose, je survalide l'idée ! Et quoi de mieux, Manon, que ton mois préféré de l'année, Noël et sa magie pour se lancer ?

2

La liste

Et c'est ainsi que, deux heures plus tard, nous nous sommes retrouvées avec dix tropes, ou dix façons de trouver soi-disant l'homme de ma vie…

Les filles n'ont pas eu le temps de me laisser digérer l'information… Je n'ai pas pu non plus refuser le projet. Fanny m'a rabâché encore et toujours l'importance d'oser et elle a déclenché les hostilités.

— Bon, alors raconte-nous le premier scénario.

Je n'en reviens pas de me prêter au jeu.

— Baptiste, une tournée de mimosas, demande Rose à notre serveur attitré.

Par où commencer ? Par un classique forcément, le fameux « *enemies to lovers* » ou, en français, les « ennemis jurés qui tombent amoureux ». Cette annonce laisse Rose perplexe alors, tout en tartinant mon pain de beurre salé, je me lance dans une savante explication pour l'éclairer.

— C'est LE ressort le plus utilisé dans les comédies romantiques. Au début de l'histoire, l'héroïne voit débarquer dans sa vie son opposé au masculin ! Ça peut être un collègue avec lequel elle est en compétition, le frère de sa meilleure amie ou même un voisin qui vient d'emménager. La plupart du temps, il est ambitieux, hautain, moqueur, séducteur et très beau. Mais est-il utile de le préciser ? Notre célibataire le déteste en apparence, mais surprise ! Après cent cinquante pages ou quarante-cinq minutes de film trépidantes, elle doit se rendre à l'évidence : elle est en fait furieusement attirée par lui.

— Mais pourquoi tomber amoureuse de lui si c'est un connard fini ? s'insurge Rose, peu convaincue par mon exposé.

Question très pertinente, en effet !

— Parce que sous cette carapace de macho prétentieux se cache en réalité un romantique au cœur tendre, fou amoureux d'elle depuis la page… trois.

Ma partenaire d'aquagym me fait signe qu'elle a compris, Emma note « *enemies to lovers* » sur une ordonnance, seule feuille de papier à notre disposition, et j'enchaîne avec l'intrigue numéro deux : le « triangle amoureux ». J'avoue avoir un petit faible pour celle-là. Et, comme je sens que Rose a une nouvelle fois besoin de précisions, je lui donne sa définition.

— Ici, l'héroïne est entourée de deux garçons très différents. Elle craque pour le « mauvais », alors que le « bon » est juste sous son nez. Il n'y a aucun suspense. Tout est simple et limpide. Dès les premières minutes, on repère le « gentil », on adore détester le « méchant » et on laisse la magie opérer.

À nouveau, Rose m'interrompt. Je pensais mon explication claire pourtant.

— Alors, dans ce cas, j'ai le profil idéal pour toi. C'est…

— Je vous arrête, Rose, la coupe Fanny, le « gentil », c'est le meilleur ami quatre-vingt-dix-neuf pour cent du temps. D'ailleurs, le « meilleur ami » est un trope à part entière, note-le, Emma, s'il te plaît. Comment on l'appelle celui-là ? Le « *friends to lovers* » ?

J'aime Fanny, mais c'est la personne la plus lourde que je connaisse. Depuis dix ans maintenant.

— Oui, c'est le terme, mais non, Mathias n'a rien à faire là-dedans, lui réponds-je sérieusement.

— Tu connais ma théorie. Et tu ne réagirais pas comme ça s'il n'y avait aucune chance qu'elle soit fondée, insiste mon amie.

— Je ne réagis pas « comme ça », je clos juste une « théorie » qui est pour moi hors sujet. Mathias est mon meilleur ami, pas une hypothèse ou je ne sais quoi. Tout simplement.

Et je décide d'enchaîner avec l'« amour d'enfance » / la « connaissance du passé » alors que nos coupes de mimosa se vident rapidement.

— Mon Dieu, tu nous en as fait voir des films où, comme par hasard, la nana retrouve dix ans plus tard son vieux copain de 5e D, confirme Emma. Sincèrement, je n'espère pas que celui-là l'emportera parce qu'il est ennuyeux à regarder.

Elle n'a pas tort… Son succès repose sur un seul élément : un « *love interest* » au physique très avantageux. Je poursuis ensuite avec le traditionnel « Il est casé, mais sa petite amie est une fille odieuse dont il faut le libérer », que je n'aime pas du tout. Franchement, aucune envie de craquer pour quelqu'un qui a choisi d'être avec une nana méchante, égoïste et cruche par-dessus le marché ! Puis je passe à un autre grand classique : le « pari », que Rose ne connaît pas non plus.

— Pour la faire courte, les comédies romantiques regorgent de mensonges, d'obstacles et de quiproquos. Très souvent, le garçon se sert de l'héroïne pour arriver à ses fins. Il se rapproche d'elle par intérêt, mais finit par tomber amoureux « malgré lui ». Une vingtaine de minutes avant la fin du film, la supercherie est révélée ! Et c'est le drame. Notre protagoniste est en larmes et, bien sûr, elle ne veut plus jamais revoir celui qui a tenté tant bien que mal de s'expliquer.

— Mais alors, dans ce cas-là, l'histoire se termine mal ? demande Rose, au premier degré.

— Mais non, rassurez-vous, dit Emma. L'amour finit toujours par triompher. Il sort le grand jeu, elle lui pardonne et ils repartent heureux. À ce propos, désolée, Manon, mais on ne va quand même pas payer quelqu'un pour faire semblant de t'aimer, si ?

Cette remarque nous fait éclater de rire toutes les quatre. C'est sûr que si on commence à mettre de l'argent dans le projet, on va rapidement finir ruinées…

— Il y en a d'autres ? veut savoir Rose, tout en faisant signe à Baptiste de nous apporter une autre tournée.

Je réfléchis…

Bien sûr ! Je me dois de leur exposer le « *only one bed* ». Un grand classique qu'on adore regarder, mais qui ne s'est jamais réalisé. Je veux parler du « Mince, il ne reste qu'une chambre d'hôtel qu'il va falloir partager avec un inconnu ultra-sexy ». À noter que les variantes : « Oh non, ma voiture m'a lâchée, je vais être obligée de faire trois cents kilomètres avec un beau brun musclé » et autres « Flûte alors ! J'ai échangé mon passeport avec un grand blond très mignon, je dois le retrouver » fonctionnent aussi.

Autre intrigue et non des moindres, le pittoresque « *small town* » que j'ai rebaptisé personnellement « trou paumé ». Celle-ci a, au moins, le mérite de faire voyager.

— La protagoniste trouve cette fois l'amour dans une ville inconnue au bataillon. Petit bonus, son Roméo a souvent le profil de l'« ennemi juré ». Et alors cerise sur le gâteau : ils sont parfois contraints de partager « *only one bed* ».

Car oui, magie des comédies romantiques, les tropes peuvent se cumuler.

— À ne pas confondre avec un autre grand classique, le « retour dans sa ville natale » dont les scénaristes des films de Noël usent et abusent, précisé-je.

En même temps, ça se tient : s'il y a bien un moment de l'année où on rentre chez ses parents, c'est les fêtes de fin d'année. Hélas (ou heureusement), je ne pourrai pas le vérifier. Après trente-trois ans de mariage, ma mère a enfin réussi à convaincre mon père de passer Noël et le jour de l'an en amoureux au soleil, et non chez eux, à Abondance, en Haute-Savoie ! Comment ?

Je ne sais pas, mais la neige et la raclette seront remplacées par des transats et les plages de Punta Cana. Aucun regret cependant. J'ai beau adorer mon village et la maison où j'ai grandi, je suis catégorique : il n'y a pas un seul célibataire qui m'attend là-bas. Du fromage, oui, mais l'homme idéal, certainement pas.

Enfin, je termine par le « *fake dating* » : ce ressort savoureux où l'héroïne se retrouve à jouer la petite amie parfaite.

— Souvent, ils sont déjà casés chacun de leur côté, mais ils sont malheureux. Alors, après s'être rendu compte qu'ils étaient faits l'un pour l'autre, ils larguent leur moitié qui n'avait rien vu venir et dont on se fout totalement.

Les pauvres, quand on y pense.

— Mais ce scénario commence mal, car je n'ai personne !

— On ne peut pas le remplacer par une intrigue avec un chat ? En surcharge pondérale ? Et prénommé Macumba ? plaisante Fanny.

Oui, mon chat s'appelle Macumba. Mais non, il n'est pas gros. Enfin, si, il est un peu enrobé mais léger !

— Fanny, arrête de l'embêter, intervient Emma. On terminera par le « *fake dating* » si le reste n'a rien donné. Mais on n'en est pas là. Manon, tu ne vas pas aimer mais, pour jouer le jeu à fond, il va falloir commencer par…

— Le meilleur ami ?! complète Rose, encore plus excitée que Fanny par le projet.

C'est sûr que ça doit la changer de l'ambiance de ses cours de bridge du jeudi après-midi…

— Le meilleur ami, vous avez tout compris, Rose, conclut Fanny, hilare.

Hélas, je ne vais pas avoir le choix.

Mon amie n'a jamais rien lâché de sa vie.

Et ça ne va pas commencer aujourd'hui.

3

Mathias

Au risque de diviser : oui, je crois en l'amitié fille-garçon. Et je suis convaincue d'une chose : Mathias n'est pas l'homme de ma vie. Enfin… Si, il est l'un des hommes de ma vie, mais pas celui à qui j'ai envie de dire « oui ». Si tant est que je souhaite me marier.

Mathias et moi, on se connaît depuis qu'on a six ans. Je l'avoue, c'était mon « amoureux » en CP. Mais depuis, il ne s'est jamais rien passé, car on est amis. Seulement amis. Quand bien même on partage tout. Il regarde bien sûr pas mal de comédies romantiques avec/pour/à cause de moi, même s'il déteste ça. Il vient avec des pizzas, beaucoup de M&Ms, de la glace – cassis et fruit de la passion pour moi, pistache et noix de pécan pour lui – et, alors que je lance des « Oooooh ! » mielleux, il critique à tout va… On a aussi beaucoup voyagé tous les deux et on a l'habitude de se casser la voix lors de soirées karaoké cinq à dix fois par an lorsqu'on est motivés.

Mathias est mon confident. C'est le premier à qui j'ai annoncé l'arrivée de mes règles, paniquée. C'est mon grand frère aussi et celui qui vient me chercher à 3 heures du matin dans n'importe quelle soirée ou qui menace de casser la gueule au « connard fini » qui me larguerait. Non pas que je me sois fait larguer mille fois, je tiens à le préciser…

Je n'imaginerais pas ma vie sans Mathias. Mais je ne changerais pour rien au monde notre relation, contrairement à ce que les comédies romantiques veulent me faire penser. Et aux détracteurs qui oseraient insinuer que « le Mathias doit être un peu moche », je réponds que non. D'ailleurs, Fanny trouve qu'il a des airs d'un acteur anglais dont j'oublie toujours le nom. Il n'a ni mauvaise haleine ni les « pieds qui puent » ou aucun autre petit défaut qui justifierait que l'on en soit restés au stade de l'amitié ! Non, Mathias est beau, généreux, drôle, gentil… Mais attention, je ne dis pas qu'il est parfait. Non, il a des traits de caractère que je ne supporte pas. Il est très carré, pour ne pas dire psychorigide, parfois. Il aime quand les choses sont planifiées alors que je suis plus du genre spontanée.

C'est peut-être pour ça qu'il fait un métier que je n'ai jamais compris : de l'audit dans une grosse boîte où on ne rigole pas. Il passe ses journées à « faire parler des chiffres » qui figurent sur des tableaux Excel qui n'en finissent pas.

Entre nous, ça n'ira jamais plus loin, car il n'y a pas ce « truc » qui pourrait tout faire basculer. Et en vingt-deux ans, je l'aurais remarqué ! Je n'ai jamais été jalouse de ses copines, on a dormi ensemble sans qu'aucune tension sexuelle vienne nous réveiller, et le mot « beurk ! » m'apparaît quand je m'imagine l'embrasser. Alors oui, ma mère me répète souvent que les sentiments peuvent évoluer. Mais je sais aussi qu'avec Béatrice, la maman de Mathias, elles ont planifié en secret notre mariage depuis longtemps.

Comment prouver que nous sommes juste faits pour être amis et réfuter la piste Mathias auprès des filles ? Fanny, qui me sait sensible sur le sujet, ne me propose pas de stratagèmes foireux pour percer la vérité. Mais elle me met la pression. Alors que nous demandons l'addition à Baptiste, ma meilleure amie me tend l'ordonnance sacrifiée d'Emma et lance solennellement :

— Dans une semaine, rendez-vous ici même après l'aquagym. Manon, on compte sur toi pour avoir bien défriché le sujet !

Je ne savais pas qu'on pouvait comparer ma vie amoureuse à une terre en friche. Merci, Fanny! Je réponds « Oui, oui » en glissant la fameuse liste dans la poche de ma parka kaki. Puis je précise à Rose qu'elle n'est pas obligée de poursuivre l'aventure avec nous.

— Tu plaisantes! J'adore l'idée. Et comptez sur moi pour offrir ma tournée de mimosas chaque samedi! s'exclame-t-elle, en remettant son foulard rose pâle en soie certainement hors de prix.

— Des mimosas et des résultats, Manon, s'il te plaît, insiste Fanny.

À la fois amusée et paniquée, je m'apprête à sortir ma carte bleue pour régler lorsque mon téléphone vibre. Un message de Mathias.

> Coucou ma Manon, alors l'aquagym ? Les mamies ont encore bavé sur Alban ? Dis-moi, tu es libre mardi soir ? J'aimerais pouvoir enfin te présenter Marie 😉

Ah oui, parce que petit (gros) détail que j'ai omis : mon meilleur ami est amoureux.

4

Mon ennemi juré

Lundi 21 novembre

Ce dimanche pluvieux est passé beaucoup trop vite. J'ai à peine eu le temps de faire ce que j'avais prévu : c'est-à-dire rien ! Je ne me suis pas risquée à lancer un nouveau film de Noël… En revanche, je ne me suis pas privée de dévorer une bonne dizaine de Ferrero Rocher, ma tradition préférée des fêtes de fin d'année. Depuis que je suis petite, mes parents et moi avons l'habitude de remplir deux énormes saladiers dans lesquels on peut piocher toute la journée. Une sorte de soirée des Ambassadeurs dans mon… deux-pièces mal agencé. Mais je n'ai pas fait que manger des chocolats, jugée par le chat ; cet ingrat qui a apparemment oublié qu'il y a trois semaines j'invoquais un problème de balance auprès du vétérinaire pour justifier sa dernière prise de poids. Non, allongée sur mon canapé en velours bleu foncé, j'ai aussi assisté à la création et à la dénomination du groupe WhatsApp consacré à ma quête sentimentale. Fanny a proposé le très flatteur (et inexact) « ENFIN un mec pour Manon 😜 ???!!!!!!! », Rose a gentiment suggéré d'enlever l'adverbe en capitales et une grosse partie de la ponctuation, et Emma a osé le : « Le miracle de Noël de Manon 🙏 » Après plusieurs échanges et débats, c'est finalement « Un mec pour Manon à Noël 🎄 » qui l'a emporté. Et je me suis dit que, comme notre cher Maurice, j'avais perdu toute dignité. Nous ne sommes que lundi matin, et j'ai déjà envie de quitter le groupe. Ou, au moins, de le mettre en sourdine. Fanny a lancé le compte à rebours – « Le 25 décembre, tu seras casée. » Formidable ! Je suis donc déjà fatiguée en arrivant au bureau. Et en plus, le « point de début de semaine » s'annonce légèrement stressant. Le tirage au sort du Secret Santa va avoir lieu, et j'espère avoir plus de chance que l'an dernier.

Pas Sylviane de la compta, s'il vous plaît !

J'arrive dans la salle Albatros où la clim est allumée toute l'année. Et j'ai laissé mon pull à mon bureau. J'entends James raconter son entraînement de boxe et ses deux *dates* Tinder concluants. Oh oui, ça va être pénible et long. Et en plus, je vais finir frigorifiée.

Si ma vie est désormais une comédie romantique, James Mercier, lui, ne peut être que mon ennemi juré. Trois ans qu'il m'envoie des piques à toutes les réunions, qu'il se moque de mes clients et qu'il ne valide jamais mes idées.

— Allez, tout le monde, on va commencer. Manon, ça en est où tes croquettes pour chiens ? débute Marc, bien décidé à ne pas y passer la journée.

« MES » croquettes pour chiens ? Sérieusement ? Je ne supporte pas que mon boss dise ça. Il est bien content que je gère d'une main de maître Premium Croquettes, le plus gros client de la boîte. Sans ce contrat, son agence de marketing et de communication ne survivrait pas.

Enfin à vérifier avec Sylviane de la compta.

Lors de mon entretien d'embauche il y a trois ans, j'ai eu le malheur de dire à Marc que j'adorais les animaux. Rien de bien méchant, sauf que forcément, quand Premium Croquettes a fait appel à nous, c'est moi qu'il a mise sur le sujet. J'ai beau dire à mon patron que je sais faire d'autres choses – et bien –, je pense « fidèles compagnons », « friandises » et « pâtées » quatre-vingt-dix pour cent du temps. Cinq ans d'études pour ça ! J'aurais mieux fait d'embrasser une carrière de journaliste comme toutes les héroïnes que je côtoie depuis tant d'années. Enfin, je peux toujours le devenir. Ça n'a pas l'air bien compliqué à la télé : il suffit de proposer des angles bidon et d'écrire une chronique par mois pour pouvoir porter des sacs de créateurs et louer un 70 m^2 dans un super quartier. Ça fait rêver !

Je souffle intérieurement et réponds, calmement et toujours frigorifiée :

— Eh bien, écoute, Marc, la campagne « Le Noël féerique des chiens abandonnés » démarre demain avec notre opération spéciale « un paquet acheté / 1 euro reversé ». Et je vais aussi donner notre valid' au refuge pour la publicité « anti-abandon » de l'été prochain.

Comme d'habitude, l'équipe m'écoute à peine et Marc a certainement décroché à « demain ». Je pense donc le sujet clos, mais une personne réagit.

James.

Forcément.

— Mais que feraient tous ces chiens si tu n'étais pas là, Manon ?! Heureusement que Marc t'a mise sur leur chemin en y repensant.

Hilarant...

S'ensuivent quelques éclats de rire de l'assemblée – James ayant son public –, mais je ne me démonte pas.

— C'est vrai ça ! Et vous, que feriez-vous sans moi ? Sans « mes » croquettes, je ne suis pas sûre que vous pourriez consacrer autant de temps à vos clients prestigieux mais radins, non ?

— Oh, mais écoutez ça, c'est que Manon n'aime pas quand on touche à ses petits protégés.

Je le déteste. Je me moque de ma liste que j'ai rédigée avec les filles. Je ne veux rien avoir à faire avec lui.

Jamais.

— Vous m'avez l'air en forme tous les deux, nous interrompt Marc. Mais gardez plutôt votre énergie et votre sens de la repartie, j'ai un projet urgent à vous confier ! Rendez-vous à 15 heures dans mon bureau pour en parler.

Tous les deux ? J'ai dû mal comprendre ? Marc est-il de mèche avec Fanny, Emma, Rose ou je ne sais pas qui là-haut ? Cela fait trois ans que je bosse ici, James presque autant, et on n'a jamais partagé un seul dossier. On n'a rien partagé du tout d'ailleurs. Même pas une idée, une imprimante ou un café. Et voilà que, seulement deux jours après avoir accepté le défi de Rose et Fanny, je me retrouve à collaborer avec lui ? La panique doit se lire sur mon visage, car Marc me lance :

— Tu n'es pas contente, Manon ? Toi qui n'arrêtes pas de me répéter que tu as envie d'explorer de nouveaux horizons !

— Si, si, je suis ravie. J'ai hâte d'en savoir plus, lui réponds-je en me rendant compte qu'en effet je vais enfin pouvoir travailler sur un autre projet.

Même si c'est avec James Mercier.

Je le regarde et constate qu'il est tout aussi déprimé par la situation. Et, dans le fond, ça m'agace parce que ce n'est pas non plus si terrible que ça de faire équipe avec moi !

— Marc, tu es sûr de toi ? Vraiment, je peux gérer seul si tu veux. Je plaisantais, je sais que Premium Croquettes requiert toute l'attention de Manon ! Je mettrai les bouchées doubles pour ce nouveau client s'il le faut. Je ne pars pas pendant les fêtes…, argumente James.

Ah non, mais il ne va quand même pas avancer l'excuse des pauvres chiens abandonnés qui auraient besoin de moi ?

— Non, je veux que vous fassiez équipe, donc si Manon a besoin, tu lui donneras un coup de main. On en reparle tout à l'heure. Quinze heures dans mon bureau. Laure, tu enchaînes avec l'appel d'offres pour les vélos électriques, s'il te plaît ?

Alors que Laure pitche ses idées, je reçois un SMS. Mon nouveau coéquipier.

James : Que ce soit clair, je prends le lead sur le projet.

Aimable, gentil, généreux… James tout craché.

Manon : Hors de question, on sera à 50/50 et tu m'aideras si besoin.

Non, il n'y a aucune chance pour que je puisse tomber amoureuse de mon ennemi juré.

5

James

— C'est moi, ou James est encore plus beau que la semaine passée ?

Quand j'entends la remarque de Maud, notre stagiaire, j'ai envie de soupirer. Mais je ne peux que valider. Comme tout bon « ennemi juré » à la télé, James est très beau… et il le sait.

Grand et musclé, juste comme il faut. Il dégage… une assurance naturelle, un charisme… Un truc difficile à expliquer. Un sourire de James Mercier et on a envie de l'aider. Enfin « on »… Je suis l'exception. Je n'ai jamais succombé à ses deux fossettes qui se dessinent sur ses joues quand il rit ni à ses yeux bleus dans lesquels on se perd apparemment. Et je ne parle même pas de ses cheveux blonds mi-longs impeccables, qu'il pleuve ou qu'il fasse 30 °C.

De retour à mon bureau, je reçois une énième notification de notre groupe « Un mec pour Manon à Noël 🎄 ». Fanny est toujours aussi lourde sur la « théorie Mathias ». Je ne sais plus si je dois rire ou pleurer.

> **Manon :** Hello les filles ! Fanny, tu m'épuises, mais j'ai avancé sur un autre trope. Vous n'allez pas le croire : je vais bosser en binôme avec James. Rose, pour vous expliquer, James est mon « ennemi juré » au boulot. Je le déteste, il ne fait que me critiquer…

Rose : Mais non ?! À cinq semaines de Noël, c'est forcément un signe du destin !

« Du destin » ? Ma main innocente n'a en tout cas pas pioché son prénom pour le Secret Santa. Ouf! Sinon, en effet, je me serais dit que quelqu'un voulait me mettre sur cette voie. Quelqu'un ou une planète, d'après Fanny.

Fanny : Je suis d'accord avec Rose, c'est un signe. En plus, Mercure vient de finir de rétrograder !!! La voie est libre pour tout rapprochement amoureux… ou physique 😉

Ah oui, parce que ma meilleure amie adore s'en remettre aux lunes et aux planètes qui passent la moitié de l'année à reculer. Vivre des expériences et être spontanée oui, mais pas si Vénus ne l'a pas validé.

Rose : Et il ressemble à quoi, cet ennemi juré ?

Je ris.

Rose et Fanny se sont bien trouvées. Je prends James en photo en toute discrétion dans l'open space. Il est en train de draguer Maud. Je l'entends vaguement raconter une nouvelle fois ses exploits sur le ring à notre stagiaire de vingt-deux ans totalement fascinée…

Sauts en parachute, combats de boxe, apnée, varappe… J'ai un temps pensé qu'il inventait. Puis je suis allée vérifier sur son compte Instagram où tout a été immortalisé et posté !

Rose : Il m'a l'air très charmant, ce jeune homme, dis donc, Manon. Je veux bien miser sur lui personnellement 🙂

Fanny: C'est parfait, Manon, tu vas pouvoir te rapprocher de lui comme ça !!! Mais je reste quand même sur l'option Mathias ☺ Ce n'est pas possible que vous soyez JUSTE amis !!!!!

Cela fait dix ans que je suis amie avec Fanny, et je ne me suis toujours pas habituée à sa ponctuation.

La première fois que je l'ai rencontrée, c'était à une obscure soirée où je ne connaissais personne et où je ne voulais pas aller. Mon moi de dix-huit ans, timide et fraîchement débarqué à Paris, s'était alors dit : *Mon Dieu, cette fille est épuisante !* Elle parlait fort, dansait trop et riait sans raison. Je me rappelle avoir pensé que ses fringues n'étaient pas dingues, mais qu'elle dégageait une assurance folle. Et ça m'avait énervée. Parce que j'avais vraiment réfléchi à ma tenue et que j'étais à côté. Elle arborait aussi des lunettes de vue oversize noires qu'aujourd'hui encore je n'oserais pas mettre. Sauf si mon objectif de vie est de ressembler à un émoji. Une heure après ma rencontre avec Fanny, mon avis avait radicalement changé : en fait, cette fille était géniale. Et, comme ses lunettes, totalement perchée. Pile celle qu'il me fallait pour prendre confiance en moi et m'épanouir à Paris.

La suite de ma matinée n'a pas été palpitante. Dans le fond, James n'a pas tort en disant que les chiens ont de la chance de m'avoir, car je leur ai encore consacré ma pause-déjeuner. Emma, elle, n'a pas répondu à nos échanges. Je suis sûre qu'elle a lu nos messages entre deux patients et qu'elle a levé les yeux au ciel en voyant les prédictions astrologiques de Fanny. J'ai aussi réfléchi au type de clients pour lequel James et moi allions bien pouvoir travailler. J'ai mis mon cerveau en mode « comédie romantique » et j'ai commencé à craindre que le pire ne me tombe dessus.

Si on peut éviter la marque de préservatifs ou la crème contre les hémorroïdes, je serais soulagée…

Il est 15 heures. Je me dirige vers le bureau de Marc et découvre que James est en train de plaisanter avec lui. Il aurait pu mettre les pieds sur la table que ça ne m'aurait pas choquée. Sans surprise, mon boss adore mon « nemesis », qui réussirait par son sourire à décrocher une moule bien fixée à son rocher.

— Les robes de mariée, tu en dis quoi, Manon ? Ça va te changer des croquettes, non ? lance Marc, en préambule de notre point.

« Des robes de mariée » ?

J'en dis que je préfère ça aux préservatifs ou à la crème anti-hémorroïdes, mais qu'il y a tout de même quelqu'un là-haut qui se moque de moi. On ne pouvait pas faire plus cliché que les robes de mariée.

— Carrément, oui ! Les robes de mariée, j'adore et je connais très bien, lui réponds-je avec hypocrisie.

C'est sûr que James va utiliser cette information afin de me ridiculiser. En plus, je n'aime pas particulièrement les robes de mariée… Mais passons. Marc nous présente la cliente : Chloé Maignot, qui a lâché son agence de communication à trois mois du lancement de sa prochaine collection. Une mésentente commune a été évoquée. Autrement dit, la fameuse Chloé est odieuse et la précédente agence a claqué la porte, après avoir été certainement sous-payée.

— Étant donné les délais très serrés et la période, j'ai négocié les honoraires. On joue gros. Alors, malgré les fêtes, j'ai besoin que vous vous donniez à deux cents pour cent. James, je compte sur toi pour nous rassurer la cliente comme il faut. Quant à toi, Manon, tu es là pour…

Faire le boulot ? Rester dans l'ombre pendant que James récoltera les lauriers ?

— Oui, oui, j'ai compris, dis-je afin de ne pas m'infliger ce moment gênant.

— Top ! Je vous envoie le brief complet par mail. Ah, au fait, ses bureaux ne sont pas à Paris.

Mais non ? Mon boss est-il sur le point de m'annoncer que je vais voyager ? Changer de ville ? Visiter… un trou paumé ?

— Vous partez à Strasbourg le vendredi 2 décembre pour rencontrer Chloé et lui pitcher vos idées. Vous n'avez plus qu'à vous y mettre. On se fait un premier point jeudi. Ne me décevez pas, tous les deux.

Strasbourg ne rentre pas dans la catégorie « trou paumé »… À deux cent quatre-vingt-dix mille habitants près ! En revanche, elle rentre parfaitement dans la catégorie « décor idéal de romance de Noël aseptisée ». Mieux, la ville se revendique elle-même comme la « capitale de Noël », et son fameux marché est connu dans le monde entier. Oui, je suis assez calée. J'ai comaté devant deux trois documentaires sur le sujet.

Et si les planètes étaient réellement alignées, comme Fanny s'amuse à me le répéter ? S'il se met à neiger là-bas, peut-être que je devrais me lancer ? Mais qu'est-ce que je raconte ? Ce n'est pas comme si j'allais craquer pour James. Et James pour moi. Il faut vraiment que j'arrête de penser à cette liste, aimantée sur mon frigo depuis samedi.

— Ne t'inquiète pas, Marc, on va gérer avec Manon, répond James, avec cette assurance et son sourire qui m'horripilent tant.

— Oui, compte sur nous ! On va former une bonne équipe, ajouté-je, tout aussi faux-cul, en essayant de le fusiller du regard.

Parce que monsieur n'est pas le seul à avoir le monopole des beaux yeux ! Les miens sont verts et reçoivent aussi nombre de compliments.

À peine sommes-nous sortis du bureau de Marc que, ça n'a pas manqué, James m'a encore provoquée :

— Alors, comme ça, tu t'y connais en robes de mariée ? Je ne savais pas qu'on t'avait passé la bague au doigt ! Je t'aurais plus vue en mode célibataire endurcie avec cinq vieux chats aigris. D'ailleurs, c'est ce que disent les rumeurs te concernant.

« Célibataire endurcie » ? « Cinq chats » ? Et quelles rumeurs ?

Je meurs d'envie de rétablir ma vérité : à savoir que je n'en ai qu'un et que Macumba n'est pas aigri, mais Dieu merci, je me retiens. Et à la place, je réplique, sûre de moi :

— Ah, parce que tu t'intéresses à ce qu'on raconte à mon sujet ? Si je te passionne autant, n'hésite pas à t'adresser à moi directement.

Respire, Manon, respire. Tout va bien se passer. Enfin, rien ne va se passer ! On va gérer ensemble ce dossier, mais mes sentiments ne changeront jamais. Je ne vais pas me laisser influencer par des livres et des films où absolument rien… n'est vrai !

P.-S. : J'ai encore pioché Sylviane de la compta.

6

Marie

Mardi 22 novembre

20 H 15, JE SUIS EN RETARD.

Comme d'habitude.

Je sais que Mathias ne m'en tiendra pas rigueur, mais j'aurais aimé réussir l'exploit d'arriver à l'heure pour une fois. Ce dîner avec Marie compte beaucoup pour lui.

Cela fait quelques semaines maintenant que Marie a débarqué dans la vie de mon meilleur ami et, depuis, il n'a aucune envie qu'elle n'en fasse plus partie. Le coup de foudre, le « vrai », m'a-t-il raconté. Ils étaient assis côte à côte dans l'avion puis ont partagé un taxi. Comme quoi, ce genre de rencontre existe vraiment.

Pour les autres.

J'ai hâte d'en apprendre plus sur elle. D'une part, parce que je m'intéresse sincèrement à la copine de mon ami d'enfance et, d'autre part, parce que Fanny va me poser mille questions après l'aquagym samedi.

J'ai eu beaucoup de mal à me concentrer aujourd'hui. J'ai attendu que James se manifeste pour qu'on commence à bosser ensemble, mais il n'a pas daigné se montrer. J'ai donc été contrainte de faire le premier pas et de lui envoyer un texto en fin de matinée. Texto auquel « Monsieur cheveux parfaits » m'a répondu deux heures plus tard par un très sec : « On s'y met demain. À 10 heures. J'ai un truc avant. » J'ai eu envie de jeter mon téléphone, mais je me suis rappelé son prix… Agacée par ce message, j'ai manqué de productivité tout l'après-midi. Et en plus j'ai mangé un burger savoyard à midi. Très, *très* mauvaise idée.

C'est finalement avec dix-sept petites minutes de retard que je franchis, essoufflée, la porte du restaurant italien où Mathias a réservé. J'aperçois rapidement les amoureux au fond de la salle, en train de roucouler. J'essaie d'écouter mes sentiments, en bonne héroïne que je suis désormais, mais non, rien à signaler.

— Manon, on est là ! me lance Mathias alors que je suis en pleine réflexion.

Je m'approche et manque de renverser un serveur et ses trois cocktails mai tai maison.

Ça commence bien.

Marie est exactement la même que sur les photos. Ni mieux, ni moins bien. Elle porte un jean brut que j'aurais pu acheter et un pull en cachemire noir très fin. Aucun maquillage apparent, mais des yeux bleu clair qui illuminent son visage, un vernis rouge parfaitement appliqué et une queue de cheval souple attachant ses cheveux blonds lisses comme des baguettes. Mon rêve. Surtout quand je sors de l'aquagym et que je tente de dompter mes frisottis.

Marie est naturellement jolie. C'est la fille qui a toujours une bonne mine : qu'elle se réveille, qu'elle rentre de soirée, ou qu'elle ait 39 °C de fièvre et une grippe carabinée. C'est aussi la fille dont on remarque la peau parfaite quand on lui parle à quelques centimètres. Cette même fille qui nous fait nous rendre compte que ce poil sur le menton qu'on a oublié d'épiler se voit, en réalité.

Je jette un coup d'œil à son manteau posé sur la chaise d'à côté. Je ne sais pas pourquoi, mais j'ai toujours trouvé que ce vêtement permettait d'en apprendre beaucoup sur les gens. Après tout, en hiver, on le porte tous les jours et il est notre meilleur mode d'expression. Doudoune flashy, trench élégant, caban noir (et chiant)... Il m'aide à déchiffrer les personnalités. Marie, elle, a choisi un modèle loose beige en coton épais. Chic et sobre comme son sac à main : un basique en cuir noir, indémodable et de bonne qualité.

— Désolée pour le retard ! Manon, enchantée, dis-je, tout en enlevant ma banane en velours bordeaux, mon imposante parka bleu ciel, mon écharpe grise et mon bonnet rose fluo.

Oui, quand il fait moche et froid, je porte de la couleur. Beaucoup de couleurs.

— Enchantée, Manon. Il était temps qu'on se voie. J'ai l'impression de déjà te connaître tant Mathias parle de toi, me répond-elle.

Je ne sais pas comment interpréter ce « tant », mais je ne me formalise pas. Je ne m'appelle pas Fanny, et Mathias est « juste » mon meilleur ami.

— Mathias m'a raconté que c'était le coup de foudre entre vous, j'ai hâte d'avoir ta version des faits, réponds-je avec sincérité.

Et il ne m'a pas menti. Le coup de foudre les a bien frappés. L'amour peut donc vraiment tenir à une mini-serviette tombée dans l'avion, quelques turbulences et un plateau-repas immonde qui sert de premier sujet de discussion.

— Mathias m'a dit que tu bossais pour une grosse marque de croquettes pour chiens ! continue Marie, qui essaie de s'intéresser et je l'en remercie, même si j'en ai marre que cette étiquette me colle à la peau.

Je me force à sourire et lui explique qu'en effet, c'est l'un de mes dossiers. Je n'ai absolument aucune idée de la raison qui a poussé mon cerveau à employer le mot « dossier ». Puis je me suis sentie obligée d'ajouter, enthousiaste :

— Mais mon boss m'a mise sur un nouveau projet. Une célèbre créatrice de robes de mariée, ça va être super, j'ai hâte.

Non, la marque de Chloé Maignot n'est pas célèbre et, non, ça ne va pas être super, mais c'est humain d'enjoliver légèrement la réalité.

— Mais non, mais c'est génial, Manon ! Enfin ! me félicite Mathias, à qui je me suis plainte des heures durant des croquettes pour chiens.

— Oui, sauf que je suis en binôme avec… James, mais bon, pas le choix.

Mathias n'en revient pas. Marie, elle, ne comprend pas, alors je développe rapidement en dressant le portrait de mon acolyte de malheur. Je n'ai pas dû être assez claire, parce que, après cinq minutes de monologue à son sujet, elle a lancé en rigolant :

— Eh bien ! Pour quelqu'un que tu détestes, tu as beaucoup à dire, non ? Permets-moi de te rappeler que de la haine à l'amour, il n'y a parfois qu'un pas.

Hein ? Quoi ? Il n'y a qu'une fan de romcom pour dire un truc comme ça !

Je décide de changer de sujet en l'interrogeant à son tour sur son métier. J'apprends qu'elle gère la communication d'une association humanitaire qui vient en aide aux exilés. Merde. Je me sens très bête avec mes publicités pour des croquettes. Même si j'aide de nombreux animaux abandonnés !

Marie a l'air passionnée par son travail et, évidemment, par Mathias. Tous deux me racontent ces premières semaines passées ensemble trente-six heures sur vingt-quatre. Mathias a déjà parlé d'elle à Béatrice, sa mère, et ils partent « sur un coup de tête » à Rome dans quelques jours. Je manque de m'étouffer lorsque Mathias me l'annonce, mais je me dis que c'est peut-être ça, finalement, l'amour : accepter de faire des choses qu'on ne supporte pas habituellement.

Une fois nos plats débarrassés, mon travail revient sur le tapis, et James aussi…

— Tu vas trouver ma question bizarre, mais ton James, il ressemble à quoi ? demande Marie.

— Objectivement ? Une bombe. Pourquoi ?

Et je ne peux pas m'empêcher d'ajouter :

— Tu veux voir une photo ? Je me trompe, ou tu es fan de comédies romantiques, toi aussi ?

— Oh oui ! Et je crois qu'elle est même pire que toi ! répond alors Mathias, en regardant Marie avec amour.

Ou des yeux de merlan frit, c'est une question de point de vue. Je souris, mais, intérieurement, je rouspète : d'où, elle est « pire » que moi ? Les comédies romantiques, c'est mon truc, pas le sien. Mais je ne laisse rien paraître et je cherche la photo parmi les nombreux clichés de Macumba.

— Tellement chou, ce chat. J'adore les gros matous tout patauds comme ça, me lance Marie alors que je clique sur la photo volée de James prise au bureau. Ah oui, beau gosse le James ! Tu es sûre que tu le détestes ? plaisante-t-elle.

J'ai voulu observer la réaction de Mathias à cet instant précis. Malheureusement pour moi, son téléphone a sonné – un appel important du bureau – et je n'ai rien lu du tout.

De retour avec nous, il regarde la photo et déclare :

— Ah oui, toujours aussi canon ! Mais, Marie, au risque de te décevoir, si Manon dit qu'elle le déteste, c'est qu'elle le déteste vraiment. Depuis trois ans, elle ne fait que se plaindre de lui. Et il a l'air franchement odieux.

Sujet clos.

Une fois à l'extérieur du restaurant, Mathias propose de me raccompagner. Comme d'habitude. À cela près que le verbe n'est pas ce soir conjugué au singulier. Je décline, et il me fait un câlin pour me dire au revoir. Comme d'habitude.

— Je suis content que tu aies rencontré Marie, me dit-il. Tiens-moi au courant pour cette histoire avec James. Et, s'il te pousse à bout, tu sais que je suis là.

— Évidemment, et je suis une grande fille, ne t'inquiète pas. Moi aussi, je suis super contente de l'avoir rencontrée.

Alors qu'il commande un taxi, je fais la bise à sa petite amie, qui me lance spontanément :

— Je reconnais que j'étais assez inquiète avant de te rencontrer. Ça fait toujours peur de se dire que le garçon avec qui on sort est aussi proche d'une autre fille. Mais maintenant qu'on s'est vues, je sais que je n'ai plus aucune raison de paniquer.

J'ai répondu : « Ouh là, non, aucune raison ! » avec un petit sourire pincé, mais intérieurement, choquée, j'ai pensé : *Parce qu'en fait, en plus d'avoir un gros chat tout pataud, j'ai le physique et la personnalité de la fille dont il ne faut pas s'inquiéter ?!*

7

Je le déteste, il me déteste…

Mercredi 23 novembre

Une fois dans mon lit, j'ai analysé la phrase lâchée par Marie au moment de se quitter. Et, oui, j'ai été vexée. Mais qui ne l'aurait pas été, honnêtement ? J'ai raconté ma soirée aux filles, mais j'ai omis ce moment précis. D'autant que Fanny est déjà en boucle avec ses : « Mais non, je mets ma main au feu que Marie est la méchante petite amie dont il faut le débarrasser ! » J'ai assuré le contraire, mais elle est partie dans ses théories farfelues à base de « Attends qu'elle dévoile son vrai visage » et autres « Elle cache forcément son jeu ou un lourd secret ».

Et c'est moi qui aime les comédies romantiques, après ?

Mathias, lui, m'a envoyé un message après le dîner. Pour savoir si j'étais bien rentrée et pour m'assurer que Marie m'avait adorée. J'ai pensé : *Ah, parce qu'on peut adorer quelqu'un en deux heures top chrono ?* Mais j'ai répondu : « Oui, moi aussi ! Tellement contente pour toi. Pour vous ! » Ce qui n'est techniquement pas faux : j'ai vu mon meilleur ami heureux aux côtés d'une fille brillante, belle et bien dans sa peau.

Ce matin, dans le métro, je suis toujours tracassée. Mais par un autre sujet. Ou plutôt deux. Déjà, je meurs de chaud dans ma parka, et la rame est bondée. La catastrophe n'est pas loin. Ma frange rideau, pourtant parfaitement lissée tout à l'heure dans ma salle de bains, peut à tout moment se mettre à frisotter, et je ne parle même pas de mon wavy faussement déstructuré sur lequel j'ai passé quinze minutes. Moi qui pensais que l'hiver était la meilleure saison pour tenter une coupe plus travaillée. Ça fait chier. Car, quand bien même Monsieur cheveux parfaits ne me plaît pas, je préfère être la meilleure version de moi-même pour affronter cette journée à ses côtés.

Dès 10 heures, on doit s'attaquer au dossier « robes de mariée », et je me demande bien ce que le destin ou Mercure pourraient m'avoir réservé aujourd'hui. Vais-je rester coincée trois heures dans l'ascenseur avec James Mercier ? Va-t-il me révéler que, depuis le décès tragique de sa femme adorée, il s'est transformé en bourreau des cœurs pour oublier ?

10 h 15

Je suis de retour dans la salle Albatros. Évidemment, j'ai mis mon pull en mohair vert foncé sans rien en dessous, et la clim ne fonctionne plus. Pour la première fois en trois ans.

Et James n'est toujours pas là.

Ça commence bien.

10 h 20

Il arrive enfin.

— Hello, Manon ! Je sais, je suis en retard, mais j'ai des pains au chocolat, me lance-t-il en me tendant un sachet de viennoiseries.

Parce qu'il ne compte pas s'excuser ?!

— Bonjour, James. Non merci pour le pain au chocolat. Mettons-nous au travail directement. Commençons par le positionnement…, lui rétorqué-je sèchement.

— Comme tu préfères ! À ce propos, je n'ai pas…

— … regardé le dossier ? (Je recommence avec le mot « dossier ».) Tu es sérieux, James, c'est toi qui voulais qu'on bosse dessus ce matin.

— … la moindre idée de ce qui peut pousser une femme à acheter une robe pareille. J'ai regardé toutes les collections, et rien ne va. Eh oui, désolé de te décevoir, Manon, mais j'ai travaillé.

— Ah, OK. Au temps pour moi. Bon, on est au moins d'accord là-dessus… Oui, ça paraît dingue qu'elle en vende… et autant ! En plus, les prix sont exorbitants.

— Complètement. En plus, j'ai vite fait regardé la composition, on n'est pas non plus sur de la grande qualité.

— Non ! Pour moi, tout repose sur les séances photo. Les mannequins sont toutes des bombes, il n'y a pas d'autre mot ! Ça change clairement des shootings traditionnels où les futures mariées posent sobrement, voire tirent la tronche. J'imagine que les acheteuses « s'identifient » et ont confiance en elles avec une robe de chez Chloé Maignot.

— Je suis d'accord avec toi. Je sais, ça aussi c'est fou, Manon ! La piste proposée par la précédente agence n'est clairement pas la bonne. Revenir à des modèles plus comme…

Je rêve ou il va dire « toi » ?

— … n'importe quelle jeune femme lambda…

Ouf !

— J'y crois moyen. D'autant que son positionnement a toujours été clair. Pourquoi le changer maintenant ?

— Oui, il faut que les clientes continuent de penser pouvoir ressembler à Emily Ratajkowski en portant ces horreurs. Je mettrais surtout en avant la singularité de la marque. Et son caractère rare et exceptionnel, même si je n'en pense rien !

James se met à rire, et je lui demande pourquoi.

— Ta comparaison me fait rire. C'est un problème ?

Non. Oui. Je ne sais pas.

Il est 13 heures passées lorsque Maud, la stagiaire, toque à la porte pour savoir si James est prêt à aller manger.

Et je me rappelle l'époque où, personnellement, à la place de Maud, je redoutais de me retrouver seule pour le déjeuner...

James acquiesce, prend ses affaires et me lance : « À tout à l'heure » sans prendre la peine de se retourner.

Sympa.

Non pas que j'avais prévu de déjeuner avec lui...

14 h 45

Il revient comme une fleur. Je ne lui demande pas si sa pause s'est bien passée, mais lui jette un regard noir qu'il a bien interprété.

— J'imagine que ça ne sert à rien de te proposer un pain au chocolat pour que tu passes à autre chose ? se moque-t-il en souriant.

J'aurais aimé répondre quelque chose de sarcastique. Mais rien ne m'est venu. Et, à la place, j'ai lâché :

— Surtout pas. Mes fesses et moi préférons que tu ne compenses pas tes retards par des viennoiseries. On ne passe pas notre temps à faire du sport comme toi.

Pourquoi mes fesses participent-elles à cette conversation ? Et maintenant, il va savoir que j'écoute ses exploits. Ou que je l'ai stalké.

— Si tu as besoin d'éliminer des viennoiseries, j'ai le sport qu'il te faut...

— Non, ça ira, je fais déjà de l'aquagym, merci.

Et j'arrive à m'enfoncer ! *Arrête de lui donner matière à se moquer, Manon, s'il te plaît.*

— De l'« aquagym » ? Attends, le truc avec les bonnets de bain, les vieilles dames et les frites jaune fluo ? Pourquoi je ne suis pas surpris, Manon ?! Enfin, je ne juge pas… Je n'ai jamais essayé.

— Je ne te le conseille pas. Il ne faudrait tout de même pas te risquer à abîmer tes cheveux auxquels tu tiens tant…

— Non, il ne faudrait pas, acquiesce-t-il, tout sourires et en passant une main dans lesdits cheveux. Tu peux me donner la campagne 2021, s'il te plaît ?

19 h 30

Si je suis honnête, l'après-midi a été plutôt productif. Et pas qu'en piques. Non, on a bien bossé et, en plus, j'ai évité la honte de l'année.

Il faut absolument que je dise à Fanny de changer le nom du groupe. Lorsqu'un message s'affiche sur mon écran, j'ai toujours peur que quelqu'un ne lise l'intitulé et je redoute encore plus que ce ne soit James Mercier. Et surtout, il faut qu'elle me promette de ne plus jamais m'envoyer de montage photo alors que je suis en plein brainstorming avec l'intéressé.

Oui, parce que Fanny est directrice artistique pour une marque de vêtements branchée, mais pas que. À ses heures perdues, elle gère aussi l'image de ma vie. Et forcément, elle s'est amusée à photoshoper une affiche de téléfilm de Noël avec nos deux portraits. Affiche que j'ai failli ouvrir avec James à mes côtés. Affiche, soit dit en passant, plus vraie que nature, car mon amie est vraiment douée.

— Bon, ben, c'est cool, finalement on a bien avancé, lancé-je sans même réfléchir en fermant mon ordi.

— « Finalement » ? Tu en doutais, Manon ?

— Pas toi ? Vu qu'on se déteste, mais…

— « Déteste » ? Waouh, à ce point, Manon ?

Que ça m'agace qu'il répète sans cesse mon prénom.

— Tu te fiches de moi ? Oui, « à ce point » ! Tu passes ta vie à m'emmerder et à te moquer de « mes » croquettes pour chiens.

— OK, on ne partirait pas en vacances ensemble… mais de là à se détester ?

Je n'en reviens pas.

— Tu plaisantes ? En trois ans, on ne s'est jamais parlé, tu dénigres toutes mes idées et tu me ghostes même à la machine à café.

— OK, je ne vais pas le nier, mais le mot est un peu fort, non ? Et au risque de te décevoir, Manon… non, tu n'es pas ma pire ennemie ou je ne sais quoi. Désolé, mais tu es loin d'être au centre de mes pensées.

Aïe, touchée !

Puis-je être vexée d'entendre mon ennemi juré dire qu'il a mieux à faire que de me détester ? Tout à fait ! D'autant que c'est censé être mon intrigue, mes scénarios, mes personnages. Alors il va me faire le plaisir de rester dans son rôle, le James Mercier.

Je détourne maladroitement la conversation en lui demandant s'il compte participer à la soirée de décoration du sapin mercredi prochain, car j'ai besoin d'évaluer le nombre de personnes présentes pour commander un buffet digne de ce nom. C'est-à-dire : des chips, du saucisson, du fromage peu goûteux, et quelques bouteilles de champagne bon marché. C'est la seule activité que je partage avec mes collègues, et je la prends très au sérieux. J'adore Noël, et sublimer un sapin nécessite, selon moi, vision, calme et harmonie. Et comme je ne fais rien à moitié, cette année, je vais moi-même choisir le pauvre arbre qui aura, hélas, trop chaud dans notre open space mal pensé.

— Non merci. J'ai mieux à faire que de me battre pour placer trois boules de Noël et une guirlande fatiguée, me lance mon ennemi juré. Je ne comprends pas…

Son téléphone se met à sonner. Il décroche sans s'excuser et dit à une certaine Noémie qu'il s'apprête à la retrouver.

J'ai envie de répondre que j'ai racheté des guirlandes cette année, mais ce serait me tirer une énième balle dans le pied. J'ai aussi envie de savoir pourquoi il n'aime pas Noël – il n'a jamais pris de congés en trois ans –, mais ça serait lui accorder trop d'importance.

Donc je me tais.

Mais j'en suis convaincue : mon sapin sera forcément plus joli que la mystérieuse Noémie.

8

Lucien

J'ai survécu à cette première journée de collaboration avec mon collègue adoré.

Souhaitant relater à Emma, Fanny et Rose les faits en détail et chronologiquement, je décide de faire une note vocale : une chose que je déteste en temps normal. J'enfile un bas de pyjama rouge à carreaux et un tee-shirt oversize blanc, et je me démaquille tout en m'épanchant huit minutes durant. Je m'apprête à appuyer sur le bouton « envoyer » lorsqu'un message apparaît dans notre groupe, hélas, toujours intitulé « Un mec pour Manon à Noël 🎄 ».

C'est Rose qui nous demande notre aide pour… « stoker ».

Manon : Bonsoir Rose, vous avez besoin de notre aide pour quoi ?

Rose : « Stoker », ce n'est pas comme ça que vous dites ?! J'ai besoin de votre aide pour retrouver quelqu'un.

Ah… Stalker.

Je ne suis pas sûre que Rose ait compris le sens exact de ce mot – sauf si elle cherche vraiment à espionner et harceler quelqu'un, ce dont je doute –, mais ce n'est pas le moment de se lancer dans de longues définitions. Non, c'est le moment de savoir qui et pourquoi.

Rose : C'est cette histoire de meilleurs amis dont vous avez parlé... Ça m'a travaillée. C'est bête, je sais, mais ça m'a rappelé quelqu'un que j'ai très bien connu quand j'étais jeune... Je me suis toujours dit qu'il aurait pu y avoir quelque chose entre nous... Et depuis samedi, je n'arrête pas d'y penser. Je crois que j'ai envie de le retrouver...

Les trop nombreux points de suspension dans son message sont la preuve irréfutable que oui, elle doit le retrouver et lui parler ! Je rêve ou mon cœur de midinette se met à battre à nouveau ?! J'ai envie de lui poser mille questions et j'imagine déjà une histoire des plus romanesques, lorsque Fanny me sort de ma rêverie... en faisant une Fanny.

Fanny : Rose, vous êtes sûre qu'il n'est pas mort, cet ami ????

Elle a osé.

Et il faut absolument que je lui parle de ce problème de ponctuation, qui à ce stade peut être considéré comme une agression.

Emma : Fanny, ça ne va pas la tête ! On ne pose pas ce genre de questions... Excusez-la, Rose.

Rose : Non, Fanny, rassure-toi, il est juste « vieux ». Je ne l'ai pas vu depuis cinquante-cinq ans, mais s'il n'était plus en vie, je le saurais.

Heureusement, Rose a de l'humour. Et heureusement surtout, son ami n'est pas mort.

Cet homme que Rose n'a pas vu depuis un demi-siècle, c'est un certain Lucien Etang, soixante-quinze ans, né le 10 janvier 1949 à Melun, marié à Josette Madile pendant trente ans et père de trois enfants. Voilà les quelques détails fournis par Rose. Cela ressemble plus aux mentions figurant sur une carte d'identité qu'à des souvenirs marquants, mais notre amie souhaite attendre samedi pour tout nous raconter. Leur relation a été courte, mais je comprends que cette histoire mérite bien plus qu'un vague résumé envoyé dans une conversation groupée. Et qu'elle nécessite toute notre attention. Alors, pour être sûres de pouvoir lui apporter des informations, Emma, Fanny et moi nous mettons sur le dossier. Ah ! Ce mot…

J'en oublie totalement James, ses cheveux parfaits, nos joutes verbales, la mystérieuse Noémie et ma note vocale qui n'a pas été envoyée. Je ne vois même plus le chat qui s'attaque, une fois encore, à son distributeur de croquettes à moitié cassé. Je veux aider Rose à retrouver Lucien. Et lui permettre peut-être de vivre plus qu'une amitié. Mes conclusions de ces derniers jours se sont instantanément envolées. Non, les comédies romantiques ne sont pas irréalistes et niaises lorsque je ne suis pas la principale concernée.

Et c'est à ce moment-là que j'ai pensé : *Merde, Rose va trouver l'amour.*

Contrairement à moi.

9

Le physique de l'emploi

Jeudi 24 novembre

— James, je te mets le plat du jour, comme d'habitude ?

Sans surprise, James est un habitué de *Chez Marcel*, le restaurant qui fait l'angle à quatre numéros de l'agence. Et le patron, Patrick, le considère comme son fils. J'y déjeune une fois par semaine depuis trois ans, alors j'imagine qu'on peut dire que, moi aussi, je suis une habituée. Sauf que Patrick ne m'a jamais parlé ni même calculée. J'avais sympathisé avec une serveuse prénommée Juliette, mais elle est partie et je ne peux pas sauver les apparences avec James Mercier. D'ailleurs, ça n'a pas manqué, une fois nos commandes passées, il m'a lancé :

— C'est bizarre que Patrick ne te connaisse pas, tu ne viens jamais ?

Je mens et réponds : « Très peu à vrai dire », avec autant d'assurance que possible. Autrement dit : aucune.

Ce déjeuner avec James n'était pas prévu, mais nous n'avons pas eu le temps de finaliser la présentation de cet après-midi. Le refuge dans lequel le prochain spot publicitaire de Premium Croquettes devait être tourné m'a plantée, et j'ai dû passer pas mal de coups de fil ce matin. Ce contretemps m'a tendue et, en plus, je n'ai pas beaucoup dormi. J'ai passé la moitié de la nuit à faire des recherches sur Lucien. Et, en fait, retrouver quelqu'un s'avère plus compliqué que prévu. Comme quoi, stalker, c'est un métier ! Je plaisante : stalker est grave et ce n'est pas un métier. Alors, après quatre pauvres heures de sommeil et l'annulation du refuge, je n'ai pas trouvé d'excuse pour décliner la proposition de James, d'autant qu'il fallait bien bosser. J'ai tout de même espéré qu'une amnésie fulgurante le frapperait. Non pas que je redoute quoi que ce soit. Et certainement pas de craquer pour lui. Mais, aujourd'hui, j'avais la flemme de me battre avec lui.

Hélas, à 13 h 05, James est passé me voir et m'a dit : « Fais-moi signe quand tu es prête. » Intérieurement, j'ai pensé : *Jamais*, puis : *Arrête, Manon, ce n'est qu'un déjeuner*, mais, en réalité, j'ai lâché le pas très glorieux : « OK, je passe aux toilettes et je viens te chercher. »

Après avoir commandé un tataki de thon, je passe (encore) aux toilettes pour me laver les mains. Mon téléphone vibre, et j'ai espoir que les filles me viennent en aide. Pas du tout, c'est la SNCF qui me fait encore croire que je peux partir à Nice « à partir » de 39 euros. Je ne pense pas que Fanny et Emma aient pu écouter ma note vocale finalement envoyée ce matin, et elles n'ont pas répondu à mon dernier texto : « Alerte ! Je déjeune avec James Mercier. » Forcément, Emma n'a pas treize minutes et quarante-sept secondes à m'accorder dans son agenda ; et Fanny est en formation de je ne sais plus trop quoi. Quant à Rose, je ne suis pas sûre qu'elle sache vraiment écouter une note vocale. Et je ne vais pas l'embêter avec ça.

De retour à table, je me dis que le plus simple est de se concentrer sur la présentation et tout se passera bien. Mais James commence en me demandant :

— Alors tu as passé une bonne soirée ? Et c'est bon, tu as trouvé assez de volontaires pour décorer le sapin ?

Moque-toi.

— Tout à fait ! Contrairement à toi, les gens ont hâte ! Mais j'ai très peu dormi si tu veux tout savoir.

C'est sorti tout seul. Comme s'il voulait tout savoir. Et moi, lui raconter.

— Ah, toi non plus, tu n'as pas beaucoup dormi ?!

— Désolée de te décevoir, mais je n'ai pas envie d'entendre le résumé de ta soirée torride avec Noémie !

— Bonne mémoire, Manon. Mais j'entends, je ne t'en dirai pas plus. Et toi, qui est l'heureux élu ?

— Lucien. Enfin non, pas Lucien. Oublie.

— « Lucien » ? Attends, il a quel âge, Manon ?! Vous vous êtes rencontrés à l'aquagym ? Si je peux te donner un conseil : s'il a plus de soixante-dix ans, ne t'attache pas trop à lui…

— Très drôle, James, très drôle ! Et, non, je n'ai pas passé la nuit avec Lucien, j'ai enquêté sur lui.

Il est possible que j'arrive encore à m'enfoncer.

— De mieux en mieux, Manon ! Et qui est ce Lucien sur lequel tu enquêtes ?

Allez savoir pourquoi, je commence à lui raconter le projet de Rose, puis je lui dévoile le fruit de mes recherches nocturnes. Je sais ainsi où et quand Lucien et Josette se sont mariés, et j'ai trouvé les comptes Instagram de Victoria et Jeanne, deux de leurs trois enfants. Ils ne me servent à rien, je ne pourrai pas les contacter pour obtenir des informations.

— Tente de récupérer une adresse à la mairie, non ? poursuit James, toujours aussi sûr de lui.

— La mairie ? Ils ne me la donneront jamais comme ça. Je ne suis pas de la famille…

— Avec un sourire et du charme, on peut obtenir beaucoup de choses, tu sais, Manon !

Peut-il arrêter avec mon prénom ?

Le silence s'installe. Je n'ai pas bien compris son sous-entendu. Est-il en train de suggérer que je séduise un employé de la fonction publique ?!

— Ahhhh, mais tu parles de toi, là ! OK, donc selon toi, on ne peut rien refuser à James Mercier ?!

Monsieur cheveux parfaits acquiesce. Et encore plus fou : il me propose de me le démontrer. Sans que je puisse intervenir, il affirme qu'il passera me chercher demain matin à 8 h 30 en bas de chez moi, direction la mairie du 15e arrondissement où l'on pourrait trouver l'information.

Sous le choc, je réponds simplement « OK ».

Mais, de retour à mon bureau, je me mets à paniquer.

Enfin, si je suis totalement honnête, James a le physique de l'emploi.

Et, si ça peut me permettre de récupérer une adresse, ça mérite d'être tenté.

10

Maxime

Une fois l'information digérée, je regarde attentivement les trente-sept messages envoyés par Fanny, Rose et Emma qui a pris le temps de m'écouter en déjeunant rapidement. Mon amie est toujours perplexe face à la situation. Rose, comme prévu, n'a pas réussi à « trouver le bon bouton », mais Fanny lui a fait un résumé. Et cette dernière est persuadée que James a un rôle à jouer.

Fanny : Manon, j'y pensais hier !! Est-ce que tes héroïnes ne couchent pas avec le mauvais garçon à un moment donné du livre ou du film, deux fois sur trois ???!!!!

Je n'aime pas les statistiques et je ne suis pas toujours de bonne foi, donc je réponds « Je ne sais pas », avant de relater notre déjeuner pour changer de sujet. Je garde pour moi la proposition de James pour ne pas décevoir Rose en cas d'échec. Fanny revient à la charge, et je me rends compte que mon amie n'a officiellement plus aucun recul sur l'expérience scientifique qu'elle m'a proposé de mener. Je lui rappelle qu'à aucun moment James n'a montré quelque intérêt romantique à mon égard ! Il n'a fait que se moquer de moi pendant trois ans, et a juste précisé hier que, non, il ne me « détestait pas ». Mais jamais, jamais, jamais, il ne m'a témoigné un seul signe qui veuille dire « Tu me plais » alors, légèrement fatiguée d'être au centre de l'attention, j'envoie :

> **Manon :** Non mais, Fanny, je ne vais pas baiser avec lui. Il n'en a pas envie. Et moi non plus.

Pour l'élégance, on repassera…
Mince, j'aurais préféré que Rose ne lise pas ça.

> **Manon :** Pardon, Rose, la tournure n'est pas très heureuse… Excusez-moi !

> **Rose :** Si tu n'en as pas envie, tu n'en as pas envie 🙂 Mais je tiens à préciser qu'on n'a qu'une vie.

> **Fanny :** Je suis bien d'accord avec Rose !!!

Je ne sais plus où me mettre. En réalité, ce n'est même pas une question d'en avoir envie. C'est une question de « Il n'y a aucun moyen que ça arrive ».

> **Emma :** Bon. Mathias, James, il n'y a pas d'autres prénoms à ajouter à cette liste ? On ne va pas tourner en rond avec ces deux-là ! Multiplions les hypothèses afin de les prouver ou les infirmer. On peut t'aider ? Tu veux qu'on creuse du côté des connaissances du passé ?

Emma et son cerveau bien fait et carré.

> **Emma :** Hors Maxime évidemment 😖

Elle n'avait pas besoin de le préciser.

Maxime n'est pas une connaissance du passé. C'est l'homme avec qui j'ai partagé trois ans et demi de ma vie. C'était bien, très bien même, jusqu'à ce que je me fasse larguer et que cela le soit beaucoup moins.

Maxime m'a quittée parce qu'il a eu l'opportunité de travailler à l'étranger et il s'est dit que ça serait bien mieux d'y aller sans moi. Non pas que je l'aurais suivi aveuglément. Mais bon, j'aurais bien aimé que ce soit une option. Mais non, il a préféré repartir de zéro pour – je cite – « vivre l'expérience à fond ». Comme si « coucher avec toutes les nanas du coin » était une clause de son contrat. Et le pire, c'est qu'il a osé me proposer d'emmener mon chat. « Non, mais tu comprends, je me suis vraiment attaché à Macumba », m'a-t-il lâché, au bord des larmes. J'ai eu envie de lui arracher les yeux, mais j'ai attrapé le chat et, ensemble, on lui a claqué la porte au nez.

Donc non, je ne vais pas recontacter Maxime. D'autant qu'il est marié, désormais. Et non, je n'ai pas enquêté. Pire que ça, j'ai été invitée. Preuve que l'étiquette de « la fille dont il ne faut pas s'inquiéter » me va parfaitement. J'ai décliné et je ne lui ai plus jamais parlé. Ça va faire deux ans qu'on a rompu et, depuis, je n'ai rencontré personne de vraiment sérieux. Malgré la détermination de Fanny, d'Emma et de Mathias qui – poussé par les filles – m'a présenté tout son répertoire masculin.

En vain.

Ma vie sentimentale n'est ni glorieuse ni honteuse. Elle est banale et ne mérite pas qu'on en fasse un film, tout simplement. Rose a certainement raison dans le fond : peut-être que j'en ai marre qu'il ne me soit rien arrivé d'extraordinaire. Je me suis tant nourrie de ces romances... J'en ai rêvé aussi, mais rien. Non, mon C.V. amoureux ne se résume qu'à quelques aventures et une relation de trois ans et demi avec un mec qui préférait mon chat. Secrètement, bien sûr que j'aimerais que le coup de foudre me frappe alors que je vais acheter mon sapin, ou qu'un prince me rattrape alors que je me rétame sur une plaque de verglas. Et c'est sans doute pour cette raison que je n'ai pas arrêté Fanny, Rose et Emma dans leur improbable dessein.

Oui, j'en ai envie.

Mais je me dois d'insister sur un point : contrairement à ce que les personnages de comédies romantiques et notre groupe WhatsApp peuvent faire penser, je ne suis pas (encore) désespérée.

11

Odile

Vendredi 25 novembre

James est encore en retard.

Il m'a donné rendez-vous à 8 h 30 en bas de chez moi… Il est 8 h 50 et personne en vue. Je devrais remonter, d'autant que la pluie commence à tomber. On est loin des flocons de neige annoncés par mon appli météo. J'imagine que Monsieur cheveux parfaits a encore passé une trop courte nuit dans les bras de Noémie et qu'il ne s'est pas réveillé. Non pas que ça me fasse quoi que ce soit. Enfin, je crois. Emma a raison. Il faut que j'arrête de me focaliser sur James, mais l'idée de contacter tous mes camarades de CM2 ne m'enchante pas…

La pluie s'intensifie et, heureusement, James arrive enfin. Je monte dans sa Smart noire – cliché –, et nous prenons le chemin de la mairie du 15e arrondissement après s'être échangé les classiques : « Bonjour » ; « Ça va bien ? » ; « Merci d'être venu me chercher ». Je n'ai fait aucune remarque sur son retard alors que j'avais préparé trois attaques bien senties, mais au moment clé, elles ne sont pas sorties.

Assise sagement sur le siège passager, je regarde mon téléphone pour me donner une contenance et faire croire qu'à tout moment je peux avoir une urgence à gérer. Mais rien. Enfin si, dix messages de Fanny. Mais je ne peux pas les lire. Je la connais : elle aurait été capable de m'envoyer une capture d'écran de James torse nu sur Instagram pour me « motiver » à coucher avec lui. Hors de question que je prenne le risque qu'il découvre nos cachotteries, je ne supporterais pas une telle humiliation. Et surtout, je ne sais pas sauter d'une voiture en marche et encore moins comment changer d'identité.

Le GPS indique encore treize minutes, Marc Lavoine chante *Elle a les yeux revolver*, et je panique. Pour combler le blanc, je cherche désespérément un sujet. Mais aucun ne me vient, alors je lâche, sans réfléchir :

— Au fait, pourquoi tu as décidé de m'aider ? Tu n'as pas de mauvaises intentions, si ?

James se met à rire. Et ça m'exaspère.

Une fois la voiture arrêtée au feu rouge, il se tourne vers moi et me lance avec cette arrogance qui m'énerve tout autant que son propriétaire :

— Ah oui, parce que je te déteste plus que tout au monde et que tu es au cœur de toutes mes pensées, c'est vrai !

Je lui jette un regard qui veut dire « Tu ne m'as pas répondu », et il ajoute :

— Non, aucune mauvaise intention. Mais ne t'inquiète pas, on récupère l'adresse et je ne ferai plus rien pour toi. Pas même t'aider pour les croquettes pour chiens.

Il me tend une main pour que je valide sa proposition. Surprise, je lâche mon téléphone en espérant que la mienne ne soit pas trop moite. Le geste ne dure que quelques secondes. Sa main n'est pas transpirante, rugueuse ni frêle. Non, ce premier contact n'est pas désagréable ou gênant. Mais le coup de foudre ne m'a pas non plus terrassée ! Nos mains reparties chacune de leur côté, le feu passe au vert, James redémarre et ajoute :

— Et, après notre projet commun, tu peux même compter sur moi pour me moquer deux fois plus de toi !

Évidemment.

Qu'est-ce que je croyais ?

— Très drôle. Et sinon, tu comptes t'y prendre comment pour obtenir cette adresse ? Tu penses vraiment que cent pour cent des gens tombent sous le charme de James Mercier ?

Il rit encore. Et ça m'énerve. Parce qu'il est beau quand il rit. Mais ça, je ne l'avouerai jamais à Rose et à Fanny.

— Cent pour cent, ça serait peut-être un peu prétentieux. Mais, oui, j'ai pas mal de succès. Mais rassure-toi, si la personne s'avère malheureusement insensible à mon charme, je te donnerai quelques conseils et je suis sûr que tu t'en sortiras très bien.

Je me fige, et James croit bon de préciser :

— Je veux dire que tu la séduiras toi, Manon. Mais je ne vais pas m'aventurer dans des « parce que tu es jolie et compagnie »... Sinon, tu vas encore me jeter des regards noirs avec tes beaux yeux verts et me faire promettre je ne sais quoi. Voilà, on y est. Je te laisse descendre... Le temps de trouver une place.

Une infime partie de moi a envie de crier : « Merde, James Mercier me trouve jolie » ; une autre a envie de lui demander de développer ; mais la majeure partie de moi – certainement la plus sensée – me conseille de répondre : « OK, ça marche » et de descendre de cette voiture avant de me ridiculiser.

Choquée, je monte l'escalier de la mairie direction le bureau d'état civil tout en essayant de mémoriser cet échange improbable qu'il faudra raconter aux filles dans son intégralité.

J'ouvre la porte et je suis accueillie par une secrétaire qui veut savoir si j'ai rendez-vous et la raison de ma venue. Je prétexte avoir besoin de l'acte de naissance d'un de mes parents et, sans même prendre la peine de me regarder, elle me tend un ticket. Ouf, c'est passé. Dans la salle, une dizaine d'employés officient. Et je constate, soulagée, que seules des femmes travaillent aujourd'hui. À moins de tomber sur une fonctionnaire aigrie qui n'accorde aucun passe-droit, James a toutes ses chances d'y arriver.

Dix minutes plus tard, mon acolyte pénètre à son tour dans la pièce. Et, instantanément, toute la gent féminine se tourne vers lui. Même ce papa, venu déclarer la naissance de son bébé, semble sous le charme de mon ennemi juré. Je lui fais signe de me rejoindre, et une dame, apparemment surprise qu'il puisse m'accompagner, fait une tête qui veut dire : « Bizarre ! Il pourrait être avec mieux, non ? »

Ce n'est pas gentil. Mais ce n'est pas le sujet.

Au même moment, une voix appelle :

— E27, bureau 7, s'il vous plaît.

C'est nous.

Une certaine Odile, la petite cinquantaine, nous accueille derrière son bureau mal rangé. À peine voit-elle James qu'elle passe une main dans ses cheveux, retire ses lunettes légèrement démodées et tente de cacher sa boule à neige ringarde derrière un dossier. Celle-là même qu'elle avait dû sortir fièrement de son casier quelques jours auparavant.

Bon, ça devrait bien se passer.

— Bonjour, Odile, merci de nous recevoir. Permettez que je vous appelle Odile ? commence James, tout en passant lui aussi une main dans les cheveux. J'adore votre boule à neige. Je les collectionne, vous savez !

Le mode séduction est activé. Je trouve cette approche complètement nulle, mais Odile a l'air de valider.

— Ah oui ?! Oui, oui, bien sûr, appelez-moi Odile. Que puis-je faire pour vous ? balbutie-t-elle d'un sourire mielleux.

— Je ne vous mets pas la pression, mais il faudrait me sauver la vie, Odile. Et me faire le plus beau cadeau de Noël par la même occasion.

J'ai envie de rire, mais je reste concentrée… et regarde mon collègue jouer son rôle à la perfection. Celui d'un petit-fils que la vie a éloigné de sa famille et qui cherche son grand-père pour le remercier des sacrifices qu'il aurait faits. Rien que ça.

Après deux, trois « J'adorerais vous aider, mais je ne peux pas », Odile finit par craquer. Littéralement. Elle ne peut retenir ses larmes, et je lui tends un mouchoir avant de continuer à jouer mon rôle, à savoir ne pas me faire remarquer.

Quand elle reprend ses esprits, elle lui glisse tout bas en rougissant :

— Bon, je vais regarder, mais ça reste entre nous deux, hein ?

Odile n'a plus cinquante-trois, mais dix-huit ans.

Elle fouille alors dans son ordinateur pendant cinq minutes qui m'en paraissent trente, puis elle écrit une adresse sur un post-it. 21, rue de la Convention. Je n'en reviens pas, James a réussi. Mais la mascarade ne s'arrête pas là. Il lui prend la main et lui confie, ému :

— C'est le destin qui vous a mise sur ma route, Odile. Je ne vois que ça. Je me retiens de pleurer, vous n'imaginez pas ce que vous avez fait.

L'employée de mairie ne s'attendait pas à ce qu'un rapprochement physique soit opéré, et son visage devient alors aussi rouge que son cardigan.

Moi aussi, j'ai presque envie de pleurer tellement mon collègue joue bien. Cet homme n'est pas chef de projet, mais comédien. Après l'avoir remerciée encore une bonne dizaine de fois, nous sortons de la mairie, triomphants. J'ai envie de hurler, de danser et de le féliciter. Mais quand je me tourne vers James pour laisser éclater ma joie, il a la tête dans son portable. Et ne semble pas plus excité que ça.

Alors, coupée dans mon élan, je lui lance juste :

— James, merci… Je te revaudrai ça.

12

Happy end ou fiasco

Samedi 26 novembre

Il est 10 h 20 et j'entame déjà mon deuxième croissant. Je n'ai même pas eu le temps de dire « adieu » à la centaine de calories laborieusement brûlées à l'aquagym qu'elles sont déjà de retour, mais tant pis... J'ai besoin de gras !

Fanny, Emma et Rose me bombardent de questions depuis que nous sommes arrivées à *La Rotonde*. Elles ont bien essayé de me questionner dans l'eau, mais j'ai joué l'élève sourde et... concentrée ! Surtout qu'Alban n'a pas ménagé nos fessiers, car je cite : « Je vous connais, à Noël, vous allez beaucoup trop manger et le regretter. »

James ? Mathias ? Elles s'en donnent à cœur joie. Que Baptiste, notre serveur, leur apporte du pop-corn, la prochaine fois ! Je reviens sur ma sortie de la veille avec James, en inventant un contexte différent. Il a été décidé que je sois la première à m'épancher sur ma vie privée avant que Rose ne nous raconte son histoire avec Lucien. Restées silencieuses pendant mon récit, les filles tombent des nues lorsque j'avoue que James me trouve objectivement jolie.

— Mais non, Manon, il t'a dit ça ?! Comment ? Sur quel ton ?! Non mais c'est sûr, il y a moyen de coucher avec lui. Tu en as envie ? attaque Fanny, en nettoyant ses lunettes.

Une nouvelle paire surprenante aux verres hexagonaux et à la monture multicolore, que je n'avais pas encore vue. Tout le monde aurait l'air ridicule avec. Tout le monde, sauf Fanny.

— Non mais je te rappelle que Manon le déteste, elle ne va pas coucher avec lui ! Tu le détestes toujours, Manon, hein ?! poursuit Emma, certainement inquiète de ce qui pourrait arriver.

Je n'ai pas le temps de répondre que Rose y va de son petit commentaire.

— Les filles, restons calmes. Manon, si on oublie ton passif avec James, vos débuts difficiles…

Trois ans… C'est long comme début quand même, non ?

— … Qu'est-ce que tu penses sincèrement ? De James Mercier ?

Le regard de mes trois interlocutrices se tourne vers moi. Toutes attendent ma réponse ; comme si la survie de l'humanité ou d'un chaton en dépendait.

— Physiquement ? Je ne vais pas mentir : il est… Enfin, vous le savez très bien qu'il est beau comme un dieu, vous avez vu son Instagram, non ? Et oui, ça m'a fait plaisir qu'il me trouve jolie, mais je ne peux pas oublier trois ans de moqueries pour un tout petit compliment ! Et puis, supposons qu'il me plaise un tout petit peu au-delà de ses abdos – et j'ai bien dit « supposons » –, ça ne change rien au fait que moi, je ne lui plais absolument pas.

— Non mais ça on n'en sait rien au final ! Vous allez à Strasbourg tous les deux vendredi, ça va être l'occasion qu'il en sache plus sur toi, affirme Fanny, qui a beaucoup trop de missions pour moi.

— On n'en sait rien, mais il me dénigre depuis trois ans, hein !

Mais mon amie s'en moque. Surtout, elle a la profonde conviction qu'un rapprochement avec mon ennemi juré « débloquera » ma situation. Celle qui croit toujours dur comme fer à la « thèse Mathias » a un plan. Forcément, c'est Fanny.

— Tu vas rendre Mathias jaloux ! Lui annoncer qu'au final il y a une certaine connexion avec James, voire qu'il te plaît. L'idéal serait de lui balancer que tu as couché avec lui, mais il faut que l'occasion se présente...

Je ris. Je l'aime, mais je ris parce que ça fait des années qu'elle ne lâche pas l'affaire.

Emma a raison : il faut que je trouve d'autres hypothèses à tester. Et vite. Naïvement, je me remets à imaginer qu'il n'y aurait pas meilleur endroit que Strasbourg pour rencontrer quelqu'un. Il suffirait que je renverse mon chocolat chaud contre ce quelqu'un ou que je glisse in extremis sur une plaque de verglas. Encore faut-il que celui dont le prénom est encore indéfini se balade au marché de Noël vendredi prochain. Au bon moment. C'est-à-dire en même temps que moi.

Non. Ça n'arrivera pas.

Je dois absolument arrêter de croire que la fiction peut devenir réalité.

Mon cas enfin terminé, je révèle à Rose la véritable raison de mon expédition avec mon collègue.

— Rose, je ne vous ai pas dit la vérité. Hier, avec James, on est allés à la mairie du 15e arrondissement, et on a obtenu la dernière adresse connue de Lucien. Si vous la voulez, elle est à vous, expliqué-je à ma partenaire d'aquagym, qui perd instantanément cette gaieté que j'aime tant.

Je ne dirais pas que son visage est grave. Mais Rose est ébranlée. Elle sirote un peu son mimosa, nous regarde, puis nous dit :

— Oh oui, bien sûr que je la veux ! Pardon, c'est que je ne m'y attendais pas... Pas si vite, en tout cas.

Sa réaction me touche, et je panique. Je ne veux pas créer de faux espoirs à Rose. Je lui tends le post-it et précise que rien ne garantit que Lucien se trouve toujours au 21, rue de la Convention. Et aussi qu'elle n'est pas obligée de nous raconter quoi que ce soit à son sujet. Rose se tait à nouveau quelques instants. Puis elle fouille dans son sac et sort une photo. Un cliché en noir et blanc où deux adolescents posent fièrement devant une maison sans prétention. Elle se racle la gorge, esquisse un sourire puis déclare :

— Non, non. Je crois que ça va me faire du bien de vous parler de lui.

13

Rose

C'est une histoire tristement banale que Rose nous a racontée. Il n'y a pas de rebondissements hollywoodiens ni de situations rocambolesques… Juste deux meilleurs amis séparés par la vie.

Rose et Lucien ont grandi ensemble à Melun, en Seine-et-Marne, à une bonne heure de Paris…

J'ai googlé.

Leurs parents étaient voisins, et, tous les matins, ils allaient à l'école ensemble. « Main dans la main », a précisé Rose en souriant. Après leur journée de classe respective, ils se retrouvaient pour jouer et passaient des heures à inventer des histoires complètement folles qui avaient pour décor le jardin de la maison de Rose. La grand-mère de Lucien, prénommée mémé, gardait souvent la petite fille lorsque ses parents sortaient le soir à Paris. Avec des collègues ou des amis qui vivaient à la capitale et qui avaient ainsi « réussi leur vie ». Son père l'avait prévenue : « La vie peut être difficile. Il y aura des choix à faire, des sacrifices… » Mais, à huit ans, Rose ne pouvait pas vraiment comprendre la signification de ces paroles prononcées avec solennité. Pour elle, la vie, c'étaient les fous rires avec Lucien, ses poupées et les balades en forêt de Fontainebleau le week-end avec Émile, le chien.

Les années ont passé, et Rose et Lucien ont grandi. Mais rien n'a changé. Si ce n'est le regard que Rose a commencé à porter sur son meilleur ami. Lorsque mémé a dit que Lucien était « devenu un bien beau jeune homme », elle a eu envie d'acquiescer. À la piscine, aussi, elle se surprenait à le regarder sortir de l'eau, et à admirer son corps athlétique et musclé, nous a-t-elle avoué, avec le même frisson que lorsqu'elle était ado. Mais Rose n'en a parlé à personne. Et certainement pas à Lucien qui enchaînait les flirts avec des filles plus âgées. Elle était sa « meilleure amie », celle qu'il faut protéger. « Si un garçon t'embête, j'irai le menacer », lui avait-il même affirmé. Rose n'avait pas su quoi répondre si ce n'est « merci ».

Elle était totalement perdue face à ses sentiments naissants. Jusqu'au jour où mémé a complimenté Rose sur sa beauté devant Lucien et que ses doutes se sont envolés. Ce dernier a eu pour seule réaction : « " Belle " ? Mais je n'en sais rien, moi, mémé. Tu dis n'importe quoi. » Et Rose s'est fermée.

Et puis, l'année de ses dix-sept ans, Rose a déménagé. Enfin, ses parents ont déménagé. Son père l'avait prévenue, après tout. Elle a quitté sa maison, ses copines, et a perdu ses repères et son meilleur ami pour découvrir Lyon, sa bourgeoisie, et un lycée privé qu'elle a beaucoup détesté.

Trois ans plus tard, Rose a été présentée à Pierre Bertrand, un « jeune homme brillant, fortuné et très gentil » selon les dires de ses parents.

Rose n'a jamais plus revu Lucien et, sans surprise, Pierre est devenu son mari.

14

L'heureux élu

Mardi 29 novembre

— Manon, tu es avec moi ?!

— Non. Enfin oui, pardon…

— Il y a un truc qui ne va pas ? Non pas que ça m'intéresse particulièrement, rassure-toi, mais tu es vraiment ailleurs depuis hier, me demande James, certainement fatigué de devoir tout répéter trois fois.

— C'est juste que… je suis inquiète. Je n'ai aucune nouvelle de Rose depuis samedi. Je lui ai donné l'adresse de Lucien, et depuis… rien.

Je ne sais pas pourquoi je raconte ça à James. Probablement parce que, lorsque je panique, j'ai besoin d'extérioriser. Et aussi parce que sans lui je n'aurais pas obtenu et donné la précieuse information à mon amie.

Rose m'a remerciée à plusieurs reprises samedi. Je sais qu'elle a compris que ce post-it n'allait peut-être pas changer sa vie. Et que retrouver Lucien n'était pas garanti. Mais voir cette adresse écrite sur ce bout de papier l'a chamboulée. Malgré une vie heureuse aux côtés de Pierre, le souvenir de son meilleur ami ne s'est jamais effacé. Rose nous a promis de nous tenir au courant si elle faisait quoi que ce soit, avant de nous tendre trois enveloppes à nos noms. Nos invitations officielles pour la réception de ses soixante-quinze ans, qui aura lieu samedi 3 décembre prochain à son appartement. Sa façon à elle de nous dire de changer de sujet.

Et depuis, rien.

Je me doute qu'elle a dû y penser tout le week-end, je l'imagine perdue, et son silence m'inquiète beaucoup. Il ne lui ressemble pas. Et si j'avais surestimé mon amie, que je n'ai jamais vue triste ou déprimée depuis que je la connais ? Hier, j'ai raconté aux filles une énième joute verbale avec James, mais Rose n'a pas rebondi. Elle n'a pas non plus commenté la photo de Benjamin Recoli, mon binôme de chimie en terminale B, que je m'apprête à recontacter pour les besoins de notre « expérience scientifique », même si je n'en ai pas envie… Et le même silence radio lorsque j'ai partagé une photo de Mathias et Marie, posant en amoureux devant la fontaine de Trevi. Mathias qui a décidé de prolonger son escapade italienne de deux jours. Spontanément. Alors qu'il a horreur de ça. Mathias qui a, par conséquent, annulé notre traditionnel karaoké pour lancer la période de Noël en chansons. Pour la première fois.

— Tu as essayé de prendre de ses nouvelles par un autre biais ? Tu veux qu'on aille sonner chez elle ? Je peux te déposer si besoin, me propose James, qui est – c'est officiel – un homme d'action.

C'est très gentil (ou empreint de culpabilité) de sa part, mais je décline, préférant respecter le souhait de mon amie.

Heureusement, à 17 heures, après une journée à scruter mon téléphone, mon inquiétude prend fin. Le nom de Rose s'affiche sur mon écran, et je suis soulagée. Jusqu'à ce que je lise le message envoyé…

Rose : Coucou les filles. Je m'excuse pour
mon silence de ces derniers jours. Pas de panique,
j'ai juste eu un petit coup de mou et je suis
actuellement à la clinique des Lilas où je me repose.
Rien de grave, tout va bien.
Ça ne change rien pour samedi. Je vous attends
pour fêter mes soixante-quinze printemps.
Je vous embrasse. Rose.

Ses mots sont plutôt rassurants, mais je suis incapable de faire preuve de rationalité. Je n'ai qu'une conclusion en tête : Rose est hospitalisée, et c'est à cause de moi. Je déteste cette sensation. Comment ai-je pu confondre comédie romantique et vraie vie ?

Et, encore une fois, je ne peux pas m'empêcher de tenir James informé. Il me lance un regard qui veut dire : « On y va ? », et, cette fois, je ne décline pas. J'attrape ma banane en velours léopard, ma parka et mon écharpe rose bonbon, et on se met en route. L'ambiance dans la voiture n'a rien à voir avec vendredi dernier. Je ne panique pas à l'idée de sortir une bourde et je ne redoute pas les silences gênants. Je veux qu'on arrive. Et vite. James, concentré, conduit pendant que je relis en boucle le texto de Rose. Je me ronge les ongles et j'écris en parallèle à Fanny et Emma, qui sont tout aussi tracassées que moi.

Trente-cinq minutes plus tard, nous arrivons enfin à la clinique, et mon cœur s'accélère alors que je m'apprête peut-être à la retrouver. Avant d'entrer, je prends une grande inspiration puis je vais demander le plus naturellement du monde le numéro de chambre de Mme Rose Bertrand à l'accueil.

— Vous êtes de la famille ? m'interroge la secrétaire, prénommée Madeleine, tout en enroulant autour d'un vase vieillot une guirlande de Noël dorée.

— Oui, c'est ma grand-mère, dis-je à brûle-pourpoint.

Ou plutôt je mens. Mais c'est un cas de force majeure.

Hélas, Madeleine ne m'indique pas où ma « grand-mère » a été installée. Non, elle me signale que mon frère ou mon cousin vient d'arriver. Je n'ai pas le temps de répondre quoi que ce soit qu'elle se lève de sa chaise et crie :

— Monsieur Marèle, monsieur Marèle, attendez ! Un membre de votre famille est là.

L'intéressé se tourne et me voit. Il a la trentaine, je dirais, et il est… En fait non, je n'ai pas le temps de le dévisager, car il arrive vers moi. Que faire ? Je ne vais pas jouer la carte de la petite-fille cachée ou inventer un autre mensonge qui ne me vient pas.

— Je sais ce que vous vous dites ! Vous ne me connaissez pas et c'est normal, car j'ai menti. Je ne suis pas de la famille de Rose, je suis une bonne amie. Elle m'a envoyé un message pour me donner de ses nouvelles, et j'ai cru important de venir…

— Vous devez être Manon, me coupe-t-il, calmement.

Il connaît mon prénom ?!

— Alexandre, l'un des petits-fils de Rose.

Ah.

Ça ne me dit rien. J'entends souvent parler d'Amir, l'« excellent parti malheureusement casé », mais le prénom d'Alexandre n'a jamais été prononcé. Je bafouille deux ou trois phrases approximatives et incohérentes dont j'ai le secret. Mais il m'interrompt à nouveau.

— Grand-mère m'a tout raconté. Je sais que vous n'êtes pas sans lien avec son état, Manon. Mais ça lui fera du bien de vous parler, donc suivez-moi. En revanche, lui ne monte pas, conclut-il en pointant du doigt James, resté dans l'ombre pour une fois.

— Non, non, James ne faisait que m'accompagner. Merci beaucoup, réponds-je, soulagée de savoir que je vais voir mon amie.

Avant de monter, je retourne près de mon très cher collègue et je le remercie de m'avoir déposée. Il m'assure que « c'est normal », qu'il plaisante sur beaucoup de choses, mais pas sur la santé. Jamais.

Je retrouve Alexandre devant l'ascenseur. Il raccroche avec je ne sais qui au téléphone, appuie sur le bouton, puis se tourne vers moi pour me poser une question à laquelle je ne m'attendais clairement pas :

— Alors comme ça, finalement, c'est James l'« heureux élu » ?

15

Petit cœur, grandes émotions

— Non, non, pas du tout.

C'est la seule réponse qui me vient.

C'est la vérité, mais j'aurais aimé faire preuve de plus de repartie en lui demandant ce qu'il entendait par « heureux élu » ou en lui expliquant que je n'avais pas pour habitude de discuter de ma vie privée avec des inconnus. Mais je préfère nier puis faire ce que je fais de mieux : je change de sujet.

Je lui demande ce qui est arrivé à Rose, en lui jetant mon regard le plus méchant. Du moins, en essayant. Et il me dit :

— Au temps pour moi, pardon, ça ne me regarde pas. Grand-mère a fait un malaise lipothymique dimanche. Des passants l'ont secourue rue de la Convention alors qu'elle était prise de vertige et de tremblements…

Je me sens mal. Pour une fois, j'ai vu juste : Rose est hospitalisée, et c'est à cause de moi. Pire, ça aurait pu se terminer beaucoup plus mal que ça.

— Au début, elle nous a dit qu'elle avait cru voir Pierre, mon grand-père, enfin son mari décédé il y a quatre ans. Mais, hier soir, elle m'a tout expliqué : son enfance, Lucien, leur séparation, et l'adresse que vous avez trouvée…, poursuit-il alors qu'on arrive près de la chambre de Rose, la 203.

Devant la porte, j'ouvre la bouche pour dire quelque chose, mais rien ne me vient. Alexandre, lui, lâche la poignée et ajoute, tout bas :

— Manon, je sais que votre petit groupe compte beaucoup pour elle et qu'être à vos côtés lui fait du bien, mais grand-mère est plus fragile qu'elle n'y paraît. Alors je veux bien qu'on se parle de vos petites aventures avec Fanny et Emma, après.

Je ne peux pas dire qu'il m'a engueulée. Pas vraiment. Mais je me sens fautive et mal à l'aise, alors je réponds : « Oui, bien sûr, merci », avant d'entrer, la tête baissée.

Forcément, Rose est surprise de me voir. Et moi, je suis surprise de la voir en... pleine forme. Je ne sais pas ce que j'imaginais, mais pas ça ! Elle est pomponnée comme à l'accoutumée, porte un ensemble en cachemire bleu foncé et nous fait profiter des délicats effluves de *Chance* de Chanel, son parfum qu'elle ne quitte jamais.

— Manon, mais il ne fallait pas venir, voyons ! J'aurais plutôt imaginé Emma débarquer, plaisante-t-elle en ouvrant ses bras pour me faire un câlin.

— Je vous rassure, Emma s'inquiète aussi. Mais moi, en plus, je culpabilise. Beaucoup. Je suis tellement désolée, Rose... Comment allez-vous ? dis-je en enlevant mon manteau.

— Mais bien, bien ! Ne t'inquiète pas. Mon petit cœur a eu un peu trop d'émotions d'un coup. Et, comme je fais souvent ce type de malaises, ils ont préféré me garder. Mais je sors demain. Et tout le monde s'occupe très bien de moi. Surtout mon petit Alexandre, je ne sais pas si tu l'as rencontré. Mais il est aux petits soins.

Si, si. Je l'ai rencontré.

— Oui, c'est lui qui m'a fait monter. Il m'a dit que vous vous étiez sentie mal... Vous voulez m'en parler ? Ou non ?

— Ça serait osé de te demander de m'aider à retrouver Lucien et de ne pas te tenir informée, non ? Manon, je l'ai vu. Je l'ai vu sortir de chez lui. Je ne vais pas mentir, il a pris un coup de vieux. Mais, à mes yeux, c'est comme s'il n'avait pas changé, me relate Rose, émue.

Son œil pétille, elle esquisse un sourire et elle continue :

— Il a toujours cette même élégance, cette assurance, cette force que j'aimais tant. Alors, en le voyant, mon cœur s'est emballé littéralement.

Rose est joyeuse, et je comprends tout de suite qu'elle est bien décidée à revoir son meilleur ami, mais je n'oublie pas l'avertissement d'Alexandre.

— Rose, je suis heureuse pour vous. Que vous l'ayez vu, que vous ayez ressenti la même émotion qu'il y a cinquante ans. Mais il faut faire attention. Vous nous aviez promis de nous tenir au courant si vous faisiez quoi que ce soit ! La prochaine fois, car je devine que prochaine fois il y aura, n'y allez pas seule, s'il vous plaît.

— Alors ça, ça sent les mises en garde de mon petit-fils à plein nez ! Il ferait mieux de trouver une petite amie plutôt que de passer tout son temps à me surprotéger. Il t'a dit quoi ? Et, par hasard, il ne te plaît pas ? Non, parce que c'est lui, le garçon gentil auquel je pensais l'autre fois.

Je ris. Il ne nous manque qu'Emma, Fanny et nos coupes de mimosa.

— Il ne m'a rien dit, si ce n'est qu'il tient à vous. Et nous aussi. Moi aussi. Je n'aurais pas dû prendre votre quête à la légère. En revanche, je vais vous décevoir, mais la première rencontre avec votre petit-fils ne s'est pas très bien passée…

— Je ne comprends pas, tu m'as pourtant dit qu'il t'avait accompagnée ?

Alors je lui raconte mon arrivée à la clinique. Mon mensonge auprès de la secrétaire pour pouvoir monter. Et la question d'Alexandre sur James à laquelle je ne m'attendais pas. J'espère que Rose va m'éclairer, mais elle n'en fait rien, car ce n'est pas du tout ce qu'elle a retenu.

— Attends, James t'a conduite jusqu'ici ? Et tu ne me dis rien ?

— Non, parce qu'on s'en moque, Rose. La priorité, c'est vous et votre état de santé. Mais comme je sais que vous n'allez pas me lâcher, oui, James m'a accompagnée. Lorsque j'ai reçu votre message, je l'ai tenu au courant et il m'a proposé de me déposer. Mais rien de plus, c'est tout. Il a juste dit qu'il ne plaisantait jamais avec la santé et que...

— C'est tout ? Tu y crois vraiment, toi ? Il n'était pas obligé de t'accompagner en réalité. Peut-être que c'est bien lui, l'homme de ta vie.

Et forcément, au moment où cette phrase a été prononcée, Alexandre est entré. Et je me suis sentie con. Je devrais me moquer de ce que pense cet inconnu, mais ça m'embête qu'il puisse croire que je monopolise l'attention alors que sa grand-mère est allongée sur un lit d'hôpital. Je cherche un moyen de me justifier, mais Rose me devance et lui demande :

— Alexandre, toi qui as vu James, dis-moi comment il est en vrai ? Encore plus beau que sur les photos ?

Quelqu'un peut-il m'expliquer comment et pourquoi Alexandre a vu James en photo ?

— Encore plus, oui, grand-mère. Ryan Gosling, en plus... français. Ou, si tu préfères, Steve McQueen en plus... vivant.

Rose jubile, et je ne sais plus où me mettre. Mais fort heureusement, Alexandre, qui semble aussi gêné que moi, me ramène à la réalité.

— Grand-mère, l'infirmière va venir faire ta toilette avant le dîner. Et elle m'a confirmé que tu pourras bien sortir demain. Manon, si ça ne vous embête pas d'y aller...

— Non, bien sûr, je vais filer. Merci encore de m'avoir laissée monter, vous n'étiez pas obligé, dis-je en mettant mon bonnet. Rose, ça m'a fait du bien de vous voir. Je suis là pour vous, pour tout. Je ne veux pas qu'il vous arrive quoi que ce soit, vous savez.

— Je sais, Manon, je sais. Mais rien ne peut m'arriver, si ce n'est une bonne dose de bonheur supplémentaire, me glisse-t-elle à l'oreille, tout en me serrant dans ses bras.

Sentir son odeur douce et raffinée me fait du bien. Et je me rends compte que Rose est la grand-mère que j'aurais adoré avoir à mes côtés.

— Grand-mère, je vais y aller aussi, mais je reviens demain avant le boulot pour préparer ta sortie, OK ? explique Alexandre, tout en prenant ma place à ses côtés pour l'embrasser.

Je prends enfin le temps de l'observer. Brun, les cheveux en bataille, il porte un pull en laine vert qui cache une chemise blanche mal repassée. Une vieille montre habille son poignet gauche. Je ne sais pas pourquoi je m'arrête sur ce détail insignifiant. Et sur ses mains « belles et rassurantes », d'après mon cerveau qui n'en fait qu'à sa tête. Encore une fois.

— Dis-moi, mon chéri, tu peux raccompagner Manon ? lance Rose, me sortant de mes pensées. Elle n'habite pas loin de chez toi.

— Oh non, Rose, ce n'est pas la peine, je vais prendre le métro, réponds-je rapidement.

— Mais non, voyons, Alexandre va te raccompagner. Il est juste à côté, et je suis sûre qu'il n'a rien de prévu ce soir, si ?

— On en a déjà parlé, grand-mère ! Il faut me lâcher avec ça. Et oui, je vais raccompagner Manon, ne t'inquiète pas.

Je le remercie, prends ma banane et me dirige vers la sortie. Il fait un dernier bisou à sa grand-mère et me suit.

On s'apprête à partir, mais Rose nous interpelle :

— Ah, et faites-moi plaisir tous les deux : tutoyez-vous, s'il vous plaît.

16

Bourdes et photos volées

Je suis de retour dans l'ascenseur avec Alexandre. Heureusement pour moi, il n'y a que deux étages à descendre et, comme nous ne sommes pas dans *Grey's Anatomy*, la gêne que procure cette proximité ne devrait pas durer trop longtemps. Non parce que j'accepte beaucoup d'incohérences dans les films, mais les monologues qui durent près de six minutes dans l'ascenseur, ça m'exaspère. Au même titre que les portes non fermées à clé. Mais ça ne sert à rien de digresser.

Pendant ces approximativement dix-huit secondes confinée aux côtés d'Alexandre, j'ai bien cherché quelque chose à lui dire. En vain. On va éviter de se ridiculiser en lançant une conversation sur sa montre ou ses poignets.

— Au fait, Manon, je ne voudrais pas que tu croies que ma grand-mère me raconte toutes vos vies, à Emma, Fanny et toi… me lance le petit-fils de Rose, lorsque les portes s'ouvrent.

C'est pourtant le cas, non ?

— … C'est juste qu'elle fait appel à moi pour toute question, disons… d'ordre technologique. Les groupes WhatsApp, les notes vocales, tout ça.

Formidable. Alexandre essaie gentiment de me dire qu'il connaît le nom honteux de notre discussion. Et qu'il a certainement eu plus d'une fois l'occasion de se moquer de moi.

Je pourrais vérifier s'il a écouté mes dernières péripéties, mais je préfère faire l'autruche. Ça a du bon, parfois.

Malheureusement, mon ignorance ne dure pas longtemps.

— Je ne voulais vraiment pas t'écouter, mais chaque fois que je lançais la note et que je partais, grand-mère faisait n'importe quoi avec le téléphone. Bref, tout ça pour dire que j'ai pas mal suivi vos aventures, malgré moi. Et que ce n'était pas le but de ma grand-mère de tout me révéler, loin de là, m'avoue-t-il, gêné.

Je veux bien le croire. Mais, connaissant Rose, j'ai du mal à penser qu'elle ne s'est pas amusée de la situation.

— Merci pour la précision, réponds-je avant d'ajouter : mais je me doute que Rose a pris un malin plaisir à te demander ton avis sur la question !

— Je ne vais pas mentir. Mais pour sa défense, c'est moi qui ai voulu voir une photo pour me faire une idée, avoue-t-il, en esquissant un sourire.

Charmant ?

J'ai presque envie qu'il m'expose ses conclusions pour avoir un avis extérieur, mais je sens que ça va être malaisant. À la place, je m'excuse une nouvelle fois, tout en rejoignant la sortie.

— Tu as bien fait ! Et désolée que tu sois mêlé à tout ça…

— Pas de souci. Je t'avoue que je préfère regarder James faire du paddle ou de la muscu qu'admirer des photos volées et mal cadrées de Maurice en maillot de bain.

Je suis choquée.

— Rose a des photos de Maurice dans son téléphone ? En slip de bain ? Pourquoi ? Et lequel ?

La dernière question est clairement de trop.

— Oh, un peu tous, même le fuchsia. Je lui ai pourtant dit que c'était illégal de prendre les gens en photo à leur insu. Mais elle s'en moque. Et elle ne comprend rien aux notes vocales, mais je t'assure qu'elle n'a pas besoin de moi pour zoomer. Enfin, je suis habitué… Quand ce n'est pas Maurice, elle m'envoie des photos des petites-filles célibataires de ses copines, je ne sais pas ce qui est pire...

Je ne m'en remets pas. Je ne peux m'empêcher d'imaginer Rose zoomer. *Pourquoi, Rose, pourquoi ?!* Mon visage doit rimer avec perplexité, car Alexandre croit bon de préciser :

— Pas en maillot de bain, les petites-filles, bien évidemment.

— Non, non, je me doute. J'étais sur Maurice, enfin non, enfin tu vois. Désolée pour les photos, Rose doit vraiment penser que ton cas est désespéré pour t'envoyer tout ça. Enfin non, enfin tu vois.

Non, il ne doit pas voir, mais Alexandre a apparemment la même technique que moi dans les situations gênantes : changer encore et toujours de sujet.

— Enfin, revenons à grand-mère et à Lucien qu'elle va absolument vouloir revoir, on la connaît tous les deux. Il faut la protéger. J'aimerais vraiment...

— Manon, Manon, tu es là ? Alors quelles sont les nouvelles ?

Une voix interrompt Alexandre. C'est James, qui est resté. Et, comme au sujet de Rose qui prend en photo Maurice en slip de bain, je me demande : *Pourquoi ?*

— Tout va bien, Rose va bien. Elle a fait un gros malaise dimanche, mais tout est rentré dans l'ordre. Elle sort demain, je ne pensais pas que tu m'attendrais..., dis-je à James, sans masquer ma surprise.

— Bon, tant mieux. Oui, j'ai reçu un coup de fil de Marc, ça a duré longtemps, alors je me suis dit que j'allais t'attendre.

— C'est gentil...

Cette réponse n'est pas plus glorieuse que les précédentes, mais l'effet de surprise ne s'estompe pas.

Mais, une fois encore, Alexandre est là.

— Je n'ai plus besoin de te raccompagner alors, Manon, j'imagine. Je vais y aller. On parlera tranquillement de Lucien à l'anniversaire de grand-mère, samedi. Je ne pense pas qu'elle fasse quoi que ce soit d'ici là.

— Oui, oui, bien sûr. Désolée, j'espère que ça ne change pas tes plans.

Mes phrases n'ont absolument aucun sens.

— Non, pas du tout, je vais aller au sport comme ça, m'assure-t-il gentiment.

— Super ! Tu as raison… Non pas que tu en aies besoin, hein !

Il faut vraiment que j'arrête de sortir des conneries.

— Comment ?

— Non, non, rien, balbutié-je avant de me reprendre. Oui, on en parlera samedi.

Le petit-fils de Rose nous dit au revoir et sort de la clinique. James prend le temps de me questionner à nouveau sur mon amie, et je lui raconte tout en détail. Nous arrivons à sa voiture lorsqu'il veut savoir s'il me dépose chez moi. Et là, sans réfléchir, je lâche :

— Merci, mais je pense que je vais marcher.

Avant de penser, quelques secondes plus tard : *Mais pourquoi ?*

17

Une bonne première impression

Je ne vais pas dire à Rose, Fanny et Emma que j'ai refusé la proposition de James. Je n'ai aucune envie de me faire engueuler et de devoir me justifier alors que je ne m'explique pas ma réaction.

Peut-être que ça faisait trop en une journée.

L'annonce du malaise de Rose, ma part de responsabilité aussi… Et le caractère inconnu de la suite des événements. Je sais ma partenaire d'aquagym solide, mais son petit-fils qui la connaît depuis trente ans ne peut pas se tromper. Et d'ailleurs, d'où sort-il, cet Alexandre dont je n'ai jamais entendu parler ? Un an que je côtoie Rose, et voilà qu'il débarque quelques jours seulement après qu'on a listé nos fameux scénarios. Est-ce que je dois en parler à Fanny et Emma ? Et le considérer comme un candidat potentiel ? Rose l'a fait, elle ! Mais elle aurait pu me le présenter avant si elle pensait que… Mais qu'est-ce que je raconte ! Il connaît la teneur de nos discussions et, pire, il a écouté ma note vocale consacrée à mon ennemi juré. Il faudrait qu'il soit vraiment désespéré…

Et qu'en est-il de James qui, sans hésiter, m'a emmenée à la clinique et, encore plus surprenant, m'a finalement attendue ? Bon, ce n'est pas comme s'il m'avait proposé qu'on aille dîner tous les deux. Mais il n'empêche que… ce n'est pas normal.

Qu'est-ce que j'imagine ? Que James pourrait s'intéresser à moi ? C'est la faute de Fanny et ses satanées théories, ça.

Non, je ne vais pas coucher avec James Mercier. Je dois garder les pieds sur terre. Ce n'est pas parce qu'il neige dehors – bon, c'est de la « soupe », mais le mot « soupe » n'a rien de cinématographique –, que Noël est dans vingt-cinq jours et que Rose et Lucien me donnent envie d'y croire à nouveau que je dois m'emballer.

Mais, si je suis totalement honnête, James est quand même très beau. Et bien foutu. Oui, j'ai passé pas mal de temps sur son Instagram dimanche pour calmer mon stress lié au silence de Rose. Et oui, j'aimerais affirmer que c'est logique, mais pas du tout !

Ne t'engage pas dans cette voie, Manon. Je ne veux pas me sentir conne dans deux semaines après m'être pris un vent. Ou, pire, avoir découvert que j'étais l'objet d'un pari. Comme s'il y avait une seule chance que je sois dans la configuration où les deux héros se font la guerre avant de s'embrasser langoureusement. Et ce n'est pas comme si je l'aimais bien.

Surtout.

Heureusement ou malheureusement, un texto me sort de mes pensées. De mieux en mieux ! C'est Benjamin, mon copain de terminale, qui accepte de boire un verre avec moi.

J'ai connu Benjamin en montant à Paris avec Mathias pour notre dernière année de lycée. Nos mamans voulaient qu'on se familiarise avec la « vraie vie », comme si toute notre enfance à la montagne n'avait été qu'une illusion. Avec du recul, je comprends ce qu'elles voulaient dire, mais j'aurais préféré rester chez moi une année de plus. Quoique… Benjamin n'aurait pas eu la chance d'être l'un des personnages de cette intrigue de grande qualité. Benjamin était une tête au lycée. D'ailleurs, il est devenu médecin. Gastro-entérologue précisément. C'était un vrai gentil qui m'aimait bien. Enfin, je crois. Physiquement, je ne peux pas parler de coup de cœur, mais d'après Doctolib, les années lui ont réussi.

Bonjour, Manon ! Ça me fait plaisir d'avoir de tes nouvelles après tout ce temps. Je vais très bien, et toi ? Tu sais, si tu as le moindre souci de santé, tu peux me le dire et appeler ma secrétaire. Elle te donnera un rendez-vous rapidement ! Pas besoin de me proposer un verre, tu ne serais pas la première. Mais sinon, avec plaisir pour se revoir !

Formidable.

En voyant mon prénom s'afficher sur son téléphone, Benjamin m'a certainement imaginée constipée sur mes toilettes ou, pire, terrassée par la tourista. On aurait pu mieux faire comme première impression… J'aurais dû préciser que ce n'était pas le gastro-entérologue que je contactais, mais le vieux copain. Je relis son message et je ris. Même si ça venait à marcher entre nous, on serait à des années-lumière des romances de contes de fées. « Manon souffrait du syndrome du côlon irritable, mais Benjamin l'a sauvée… » : ça ne fait pas trop rêver comme résumé. Mais nous n'en sommes pas là.

Alors non, je ne t'ai pas écrit pour avoir une consultation. Je te proposais vraiment un verre. Tu serais dispo la semaine prochaine ?

On est encore loin de la conversation enflammée entre deux amants passionnés. Mais qui sait ! De notre binôme en chimie pourrait – sur un malentendu – naître une véritable alchimie. J'espère juste que Rose ne va pas raconter cette anecdote à son petit-fils, sinon il va officiellement me ranger dans les catégories « célibataire endurcie » et « cas désespéré ».

Désespérée et perdue. Et quand je suis perdue, je fais une seule chose.

Je demande de l'aide à mon meilleur ami.

18

Ça sent le sapin

Mercredi 30 novembre

Comme toujours, Mathias a répondu présent à mon appel à l'aide. Le sept cent vingt-troisième pour être précis. Non, je plaisante. Je n'en sais rien… J'ai arrêté de compter à deux cent vingt.

On dîne ensemble demain soir, et j'ai décidé de tout lui raconter. Parce que j'en ressens le besoin, parce que c'est Mathias, mon meilleur ami à qui je ne cache jamais rien. Je sais que ce n'était pas du tout le plan suggéré par Fanny, mais peut-être qu'en lui faisant part de l'attitude surprenante de James, il tiquera.

Ou pas.

Mon mercredi a été assez calme. Rien de nouveau sur le front James à J–2 de Strasbourg si ce n'est que j'ai découvert l'identité de son Secret Santa. Maud l'a pioché, et j'ai pensé : *Le tirage est forcément truqué.* Depuis hier, elle glane toutes les infos possibles pour lui offrir le cadeau parfait ; alors j'ai cru bon de lui rappeler que c'était 10 euros maximum et interdiction de dépasser.

Et accessoirement que Secret Santa en français, ça voulait dire « Père Noël SECRET ».

Oui, Maud m'agace. D'autant que la soirée de décoration du sapin a à peine commencé et qu'elle veut déjà imposer ses idées. Alors que c'est mon rôle de décider où poser guirlandes et boules au millimètre près.

Je plaisante, j'ai une tolérance de deux centimètres.

Au mieux.

Et j'ai peut-être aussi banni la couleur bleue, qui n'a rien à faire dans un sapin.

Je ne parle même pas de son pull de Noël. Totalement hors sujet. Apparemment, elle n'a pas eu le brief. À savoir : moche, ridicule et coloré.

Mais je ne me formalise (presque) pas et je lance – enthousiaste – ma playlist de Noël, que je mets à jour chaque saison. L'ambiance est bon enfant même si, comme d'habitude, la majorité des gens est restée pour boire du mauvais champagne, critiquer Marc et se plaindre du montant de nos tickets-restaurant. Ce n'est pas très « esprit de Noël » mais au moins, exception faite de Maud, tout le monde a fait l'effort de sortir un pull bien kitsch de sa penderie.

Je reste concentrée, encouragée par Mariah Carey et Michael Bublé. Et, malgré les nombreuses suggestions de mauvais goût de ma collègue Élise et les idées saugrenues de notre stagiaire, je suis particulièrement fière du résultat.

Notre arbre n'a rien à envier à ceux qu'on voit dans les téléfilms des après-midi de M6 et de TF1.

19

30 MILLIONS D'AMIS

Jeudi 1er décembre

— IL EST UN PEU CHARGÉ LE SAPIN, NON ?! ENFIN, JE DIS ÇA, je dis rien.

Je ne suis pas du genre à me mettre en colère mais là, tout de suite, j'ai envie de montrer mon autre visage à James Mercier.

— Trop chargé ? Pardon ?

— Non, mais je t'embête, Manon. Je plaisante... Ouh là, sujet sensible apparemment. Je passais juste pour t'annoncer que Chloé a décalé notre rendez-vous. On ira à Strasbourg le jeudi 8 décembre finalement.

J'avais raison : Chloé Maignot a dû pousser à bout sa précédente agence de communication. Annuler notre voyage la veille pour le lendemain ? Sympa ! Mais je ne demande pas à James la raison, soulagée de savoir que mon sapin, lui, est parfait.

Une demi-heure plus tard, je quitte l'agence et je me mets en route pour mon rendez-vous de l'après-midi.

Je me rends au Refuge de l'espoir à Fontenay-aux-Roses, dans les Hauts-de-Seine, où la prochaine publicité de Premium Croquettes sera tournée si Jacqueline, la propriétaire, accepte notre partenariat. 13 h 08, je suis dans la ligne 7 du métro pour cinq petites stations avant de prendre le RER B. En tout, j'ai un peu moins d'une heure de trajet et j'en profite pour chercher des idées de cadeau pour l'anniversaire de Rose samedi. Je mange aussi mon sandwich poulet-crudités. Quatre bouchées, et je suis écœurée. Il n'y avait (prétendument) pas de mayo… Et qu'est-ce qu'il fait chaud dans ce métro !

Entre deux gorgées de Coca Zéro, j'envoie un texto à Jacqueline pour l'informer que je suis en chemin. J'ai eu un très bon feeling avec elle au téléphone. Sa voix chaleureuse et franche n'y est pas pour rien. Et j'ai tout de suite adhéré au projet de cette femme d'une cinquantaine d'années qui a tout plaqué du jour au lendemain pour venir en aide à ces animaux dans le besoin. Quelques minutes plus tard, elle me répond qu'un contretemps l'empêche d'être présente, mais que Camille sera là pour m'accueillir.

Camille ? Qui sait, derrière ce prénom mixte se cache peut-être un beau trentenaire célibataire à la recherche de l'élue de son cœur ? Que dis-je ! Étant donné mon nouveau statut, Camille ne peut être qu'un beau trentenaire célibataire à la recherche de l'élue de son cœur !

Cinquante-sept minutes plus tard, Camille m'a accueillie. Et j'ai ri. Car derrière ce doux prénom se cache une jeune femme authentique et pétillante de trente-trois ans.

Elle me fait faire le tour du refuge, et je découvre la centaine de chats et de chiens qui attendent patiemment une nouvelle famille. Cinq animaux auront la chance d'être mis en avant dans le spot publicitaire. Mais lesquels ? Personnellement, j'ai très envie d'adopter Diabolo, le labrador noir rigolo, Edgar, le basset aux lourdes oreilles qui traînent par terre, et Bali, un bébé husky aux yeux vairons beaucoup trop chou. Je me retiens de repartir avec cette joyeuse petite bande chez moi. Juste parce que :

1. j'habite dans 35 m^2 ;
2. j'ai déjà un chat ;

3. je cherche l'amour et non un animal de compagnie.

Après avoir fait le tour des lieux, j'expose à Camille les avantages et contraintes du futur tournage. Concentrée, elle prend des notes pour Jacqueline et entoure en gros sur son cahier que la marque s'engage à offrir une tonne de croquettes en contrepartie.

Vers 16 h 30, après avoir fait un modeste don personnel de 20 euros, il est temps de partir, mais je ne peux pas m'empêcher de dire au revoir à Bali, le petit husky, qui se balade tranquillement dans le jardin.

— Bali s'entend très bien avec les chats si jamais vous voulez l'adopter, me lance une voix féminine que je reconnais immédiatement.

Jacqueline s'approche de moi. Je la regarde et je me dis : *Merde alors, je ne l'imaginais pas du tout comme ça !* C'est une sorte de don chez moi : ne pas savoir associer des physiques aux voix. Je découvre une femme très grande et frêle. Ses longs cheveux blonds sont attachés en queue de cheval, et ses vêtements colorés sentent bon le patchouli. Je me suis trompée sur toute la ligne. Heureusement que je suis plus douée pour cerner les personnalités. Comme je l'avais pressenti, Jacqueline est enthousiaste et déterminée à aider les animaux recueillis. Et elle a une autre idée dont elle aimerait me parler.

— Dites-moi, Manon, je voulais vous demander à titre plus personnel, vous vous y connaissez en calendriers ?

Ça dépend…

— Pardon, je m'explique, reprend-elle tout en lançant une balle au husky. J'ai besoin d'un peu de liquidités et, comme c'est bientôt la nouvelle année, j'ai pensé mettre en vente des calendriers. Un calendrier coquin plus précisément.

Pardon ?

— Avec des animaux.

Comment ?!

— Et des hommes nus. Comme ça se fait maintenant. Vous voyez ? Des hommes musclés et des chiens.

Je ris.

« *Comme ça se fait maintenant.* » Mais je reconnais que l'idée est bonne. Et, accessoirement, digne des romances diffusées sur Netflix actuellement.

— Mais bon, les pompiers du coin n'ont pas voulu se prêter au jeu.

Ah, mince! Moi qui étais prête à m'impliquer dans le projet.

— Et les bénévoles du refuge ne sont pas très... Enfin, vous voyez.

— Oui, j'imagine.

En réalité, non, vu que je suis nulle pour me figurer le physique des gens. Mais ce n'est pas le moment de le lui expliquer.

— Bref, j'ai besoin de récolter des fonds, on est déjà le 1er décembre, alors je n'ai pas trente-six mille solutions. Rebecca, qui s'occupe de notre communication, est en congé maternité. Il faut que je fasse simple, mais efficace. Alors si la talentueuse publicitaire que j'ai devant moi avait quelques conseils à me donner... Gratuitement.

Elle me flatte. Jacqueline a définitivement tout compris.

— Vous avez d'autres bébés ?

— Pardon ? me lance mon interlocutrice, à son tour perplexe.

— À part Bali ? Des bébés chiens ou chats ? Les gens adorent les bébés animaux. Vous voulez quelque chose de simple et d'efficace, personnellement c'est ce que je ferais.

Et c'est comme ça que, quelques minutes plus tard, je me suis retrouvée dans la nurserie du refuge où quatre chatons fraîchement recueillis faisaient une sieste bien méritée aux côtés de deux bébés cockers, que j'ai tout de suite imaginés dans mon salon.

De fil en aiguille, je suis arrivée à imaginer des scénographies pour capturer la mignonnerie de ces boules de poils et constituer un calendrier digne de ce nom.

Dix autres minutes plus tard, j'acceptais d'aider Jacqueline. Et un rendez-vous était prévu dans deux semaines pour prendre tout ce petit monde en photo.

Je sais, câliner des chatons dans un refuge ne fait pas partie du plan imaginé par les filles. Mais après tout, s'il y a bien deux qualités que toutes les héroïnes de comédies romantiques ont en commun : c'est la générosité et l'empathie.

Bon, Fanny, elle, dirait plutôt qu'elles sont bonnes poires et niaises par-dessus le marché.

Mais c'est faux et, en plus, elle n'aime pas les chiens.

J'hésite à lui raconter cette nouvelle aventure. Elle va affirmer que l'idée de Jacqueline était bien meilleure, et je vais me retrouver à caster une dizaine d'hommes prêts à se dénuder.

Non, autant taire cette information. À la place, j'explique aux filles que mon séjour à Strasbourg a été décalé. Et elles se sont lâchées.

Rose : Tant mieux, tu seras encore plus préparée pour ce tête-à-tête avec ton « ennemi juré ».

Fanny : Oh oui, le terrain sera bien tâté !!!!

Emma : Le terrain ou son corps musclé ??!!!

Note à moi-même : Ne jamais leur parler du calendrier ou elles vont me demander de réussir à faire poser James Mercier.

20

Noémie

— Alors ce refuge, comment ça s'est passé ?!

De retour à l'agence, je croise James, qui sort du bureau de Marc, l'air satisfait.

— Bien, bien ! Je pense qu'elle va accepter. Elle m'a promis une réponse avant la fin de la semaine. Elle a tout à y gagner.

— Super… J'y pense, Sylviane te cherchait.

Ça sent encore la note de frais mal enregistrée…

— OK, merci. Au fait…

Je meurs d'envie de savoir quel rôle joue Noémie dans sa vie, mais je me retiens.

— … bien trouvé, le slogan : « La robe d'un jour, le souvenir d'une vie. » Ça va plaire à la cliente.

— Merci ! J'adore aussi, renchérit-il, sûr de lui. Des nouvelles de Rose, au fait ?

Je me demandais s'il allait poser la question.

— Oui, oui, elle est sortie hier, en début d'après-midi, et elle se repose chez elle. Elle fête son anniversaire samedi, j'espère qu'elle me révélera ce qu'elle a en tête par rapport à Lucien.

Je m'apprête à lui en dire plus, mais son téléphone sonne. La fameuse Noémie. Il me dit qu'il rappellera, mais je ne peux pas m'empêcher de lui lancer :

— Non, non, vas-y, décroche, j'ai fini ! Il ne faudrait pas faire attendre ta… petite amie…

C'est moi ou je maîtrise de plus en plus l'art de provoquer le destin ?

Il prend la direction de son bureau, s'apprête à répondre, puis marque une pause.

— Je ne sais pas pourquoi je le précise, Manon, mais non, Noémie n'est pas ma petite amie.

Je joue l'indifférence alors qu'intérieurement je pense… à vrai dire, je n'en sais rien. Mon cerveau est dans le flou entre ce que les fictions devraient me faire croire et ce que je ressens réellement. Alors je rétorque :

— Je ne sais pas non plus pourquoi tu le précises.

Et je m'éloigne pour aller voir Sylviane de la compta.

21

Hors budget

Comment ça, l'hôtel est complet ?

Malheureusement pour moi, j'ai pour une fois passé correctement toutes mes notes de frais. Non, si Sylviane me cherchait, c'était pour m'annoncer que l'hôtel de Strasbourg – une petite pépite au budget raisonnable – que j'avais déniché était complet à la nouvelle date du 8 décembre prochain.

— Archicomplet ! m'affirme-t-elle.

Il ne reste même pas une chambre quelque part que l'on pourrait partager ?

— Bon, ben, laisse-moi regarder, proposé-je. Je vais trouver.

— Bonne chance ! ironise-t-elle. J'ai tout checké, et tout m'a l'air bien bondé. Enfin… On peut exceptionnellement un peu dépasser le budget afin que vous ne vous retrouviez pas… trop loin.

« Trop loin » ?! Trop loin de mon centre-ville historique, de ma cathédrale et de mon marché de Noël dans lequel je suis censée trouver mon futur mari, quel qu'il soit ?!

Je refuse de loger dans une chambre vieillotte d'un petit hôtel deux étoiles du coin. Hors de question. J'ai prévu d'emporter mon maillot de bain pour le spa, je compte bien mettre un peignoir pour regarder la télé, affalée sur mon lit. Et je ne parle même pas du buffet du petit déjeuner. Et surtout, je veux mon décor féerique. Mon sapin de Noël. Mes illuminations. Mon coup de foudre comme à la télé.

Après trente minutes de recherches, je comprends que ce n'est pas gagné. Pour ne pas dire perdu. Je ne trouve rien. C'est tout bonnement mission impossible d'espérer trouver deux chambres confortables dans un hôtel cosy du centre-ville sans y mettre le prix. Soit un Smic. Ou cent kilos de croquettes pour chiens. Je m'apprête à déclarer forfait et choisir un hôtel excentré et bon marché lorsque Emma nous envoie un texto.

Emma : Poulette, je ne veux pas donner raison à Fanny, mais j'ai regardé la météo de Strasbourg et tu vas avoir de la neige normalement !! Le cliché !

Fanny : Oh là là, on adore !!

On n'adore pas du tout, Fanny. Il va neiger, et mon voyage d'affaires glamour est en train de se transformer en déplacement professionnel foireux.

Alors je décide de me battre. Comme je peux. En essayant d'attendrir Sylviane. Ou de la soudoyer, question de point de vue.

De retour à son bureau, je me lance, maladroitement :

— Sylviane… Bon, tu avais raison, il n'y a rien de bien dans le budget, mais…

Elle lève les yeux de son ordinateur et me jette un regard qui veut dire : « Mon petit, je n'ai pas le temps, c'est la fin de l'année, j'ai les comptes à boucler » et je bafouille…

— Est-ce que, grâce à moi, tu n'as pas reçu le meilleur cadeau du Secret Santa l'an dernier ?

— Si, mais…

J'étais sûre que j'avais visé juste en lui offrant un mug personnalisé à l'effigie de son chat Ouistiti.

— S'il te plaît, est-ce qu'on ne peut pas faire craquer le budget une seule fois ? Dire qu'il n'y avait rien d'autre que ça ?

« Ça » étant un hôtel-spa intimiste, moderne et cosy à cinq minutes à pied du vin chaud et des fameux chalets en bois.

— Manon, il y a deux chambres à réserver, ça sera beaucoup trop. Si tu partais toute seule, j'aurais pu essayer…

Je rêve ou elle va m'inciter à partager une chambre avec…

— Mais tu ne vas quand même pas partager ta chambre avec James Mercier.

C'est sûr qu'être bloquée dans 10 m^2 avec un adonis grand et musclé, c'est compliqué…

— Je sais que tu ne l'apprécies pas particulièrement.

Depuis quand Sylviane est-elle au courant de mes relations avec mon ennemi juré ? Et depuis quand s'en soucie-t-elle, surtout !

— Non, non, tu as raison, réponds-je, blasée. Mais c'est Strasbourg, le marché de Noël, sa magie…

Sylviane reste impassible.

— Oh, tu sais, moi, Noël…

Oui, je sais. Toujours cette sombre histoire de lapin nain qui est tombé de son balcon alors qu'elle planquait les cadeaux de ses petits neveux il y a sept ans. Mais ce n'est pas le moment.

— Je comprends que ce soit douloureux, Sylviane. Mais c'est important pour moi. Et je n'ai presque jamais de notes de frais. Et…

L'éclair de génie a surgi.

— Et je te rapporterai un kouglof. Ou plusieurs. C'est ton gâteau préféré, non ? De l'endroit de ton choix.

Le visage de Sylviane s'illumine à la mention de sa brioche favorite. Elle réfléchit, s'apprête à me répondre puis se ravise. Elle réfléchit encore, hésite à nouveau puis conclut :

— Il faudra que tu passes à trois adresses différentes dans ce cas. Et que tu les achètes à la dernière minute avant de rentrer pour qu'ils soient toujours savoureux le lendemain.

— OK, compte sur moi.

— Et mollo sur les notes de frais dans les prochains mois.

— C'est promis.

Je la remercie encore dix fois avant de regagner la sortie. Mais elle ajoute :

— Et, dernière chose, j'ai pioché Maud au Secret Santa, et je ne sais pas quoi lui acheter, donc tu m'aideras.

J'accepte.

Notre stagiaire racontant toute sa vie sur les réseaux sociaux, ça ne devrait pas être trop compliqué.

Je t'aime, Sylviane de la compta !

22

Satané tiramisu

—Attends, pour être sûr de bien comprendre, les filles et toi vous cherchez des mecs qui correspondent aux profils de toutes les comédies romantiques que tu as vues ?! Enfin qu'on a vues…

Je savais que Mathias serait sceptique face à notre expérience scientifique. Mais je savais aussi qu'après quelques précisions – vingt minutes de précisions – il me soutiendrait.

—Pourquoi pas, après tout… Et puis, en réalisant tous les scénarios, tu optimises tes chances, j'imagine. Mais je ne savais pas que tu voulais trouver quelqu'un à ce point ! Pourquoi tu ne m'as rien dit ? Ou alors, c'est moi qui n'ai rien vu à cause de mon histoire avec Marie ?

Oui, Mathias est du genre à se remettre en question, mais je tairai ce moment de la discussion à Fanny, car elle va encore m'embêter et vanter les qualités de mon meilleur ami. À se demander si ce n'est pas elle qui est secrètement amoureuse de lui en réalité.

Une chose est sûre : Rose n'était pas très loin de la vérité. J'en ai marre de voir toutes ces romances qui me renvoient à ce que je n'ai pas. Si je pouvais juste connaître un début d'histoire un peu… exceptionnel ! Un coup de foudre, une alchimie, une rencontre haute en couleur, de l'inédit. Mais je ne dis rien de tout ça à Mathias. En temps normal, je me serais confiée, mais ce mois de décembre est particulier : je ne suis pas juste Manon, je suis une héroïne qui ne sait pas encore où l'amour la mènera. Même si c'est nulle part, à mon avis.

— Bon, raconte-moi qui sont les heureux prétendants pour le moment ? Je compte bien donner mon avis aussi, poursuit Mathias en nous resservant du vin.

Je lui révèle avoir recontacté Benjamin et je lui montre notre premier échange lunaire par SMS. Mathias explose de rire, mais reconnaît qu'un médecin, ça sonne bien. Il se souvient de notre camarade de lycée, un « mec sympa » et une « piste qui mérite d'être creusée » selon lui.

Je mentionne aussi Alexandre, rencontré à la clinique, célibataire endurci d'après sa grand-mère. Et, d'après moi, célibataire avec de belles mains. Et des cheveux… intéressants. Mais Mathias ne rebondit pas, trop inquiet de savoir pourquoi Rose a été hospitalisée.

Vient alors le « cas James » et son implication dans la quête de Rose. Je n'élude rien : notre mission à la mairie pour aider mon amie, sa venue à la clinique, son choix de m'attendre aussi, Noémie qui n'est pas sa petite amie et, surtout, le fait qu'il ne me déteste pas et qu'il me trouve jolie… Des détails qui, je crois bon de lui préciser, ne montrent en rien que Monsieur cheveux parfaits pourrait être intéressé.

Un bon monologue de dix minutes à l'issue duquel Mathias réagit :

— Non, mais toi, il te plaît ? Malgré les trois dernières années ? Et au vu des rebondissements récents ? Si oui, j'imagine qu'il faut tenter quelque chose…

C'est Fanny qui va être déçue.

— Il faut que tu en saches plus, ajoute-t-il, en coupant méticuleusement les bords de sa pizza. Surtout que dans le scénario des « ennemis jurés », il y a toujours des vieux quiproquos. L'autre jour, on a regardé un film avec Marie, et c'était encore ce ressort à la con. Je ne comprends pas pourquoi ils nous bassinent toujours avec ça ?

Donc, ils regardent ensemble des films de Noël ? Je n'ai pas oublié que sa petite amie est fan, elle aussi, mais ça a toujours été notre truc à nous avec Mathias. J'entends déjà Fanny me demander : « Manon, Manon, ne sentirais-je pas une pointe de jalousie ? » Je… Enfin, non, rien. Fanny n'est pas là. Et je ne pense rien. C'est juste que Mathias a toujours aimé détester les comédies romantiques à mes côtés. Pas les siens. À moins qu'il les aime si Marie partage son canapé ? Et est-ce qu'ils mangent des M&Ms en commentant la moindre scène gênante ou cliché ?

Comme nous ? Non, c'est notre truc, les M&Ms ! C'est même notre surnom officiel et notre costume d'Halloween attitré.

Manon et Mathias.

Marie et Mathias.

Merde, ça marche aussi.

Je garde pour moi ces réflexions et je réponds, sans réfléchir :

— Oui, y en a pas mal mais, deux fois sur trois, l'héroïne finit avec le meilleur ami.

Il n'y a pas de malaise. C'est Mathias en face de moi. Il se met à rigoler, moi aussi, et j'ajoute pour clore le sujet :

— Enfin, tu te doutes que j'ai directement éliminé cette possibilité. On est meilleurs amis contrairement à ce que veut encore et toujours croire Fanny.

Mais, à ma plus grande surprise, Mathias rebondit.

— Sérieusement ? Tu m'as éliminé direct ? Dans la comédie romantique de ta vie, tu ne m'as même pas envisagé une seule seconde ?! Mon ego en prend un coup, là, Manon. Je pense quand même remplir quelques critères du potentiel petit ami, non ? me lance-t-il, mi-offusqué, mi-amusé.

De mon côté, je suis bouche bée.

— Heureusement que je peux compter sur Fanny. Ma plus grande fan. Bon, la seule aussi.

Là, tout de suite, je ne sais plus sur quel pied danser. Et son monologue n'est pas terminé.

— De mon côté, tout le monde m'a toujours dit : « Et Manon, et Manon ??!! » Et je ne parle même pas de ma mère qui a déjà songé aux prénoms de ses futurs petits-enfants, ça, tu es au courant ! Non, je parle de tous mes potes, Hugo, Nahim ou Yanis, et même Inès et Laure. Elles m'ont tellement saoulé avec ça… Tout le monde m'a posé la question. Pas toi ? Enfin, à part Fanny.

À ma connaissance, non. Enfin, il y a ma mère aussi, mais c'est tout. Contrairement aux ex-copines de Mathias qu'il vient de citer, Maxime ne m'en a jamais parlé. Au contraire : il m'a toujours encouragée à passer du temps avec mon meilleur ami et à ne rien changer de notre relation. Aucune jalousie, aucune crainte… Si je n'avais pas un semblant d'ego, je l'appellerais pour exiger une explication.

— Non, à part Fanny, non ! Et je peux savoir pourquoi tu ne m'as jamais rien dit ?! J'étais persuadée qu'Inès et Laure m'adoraient…

— Ah, mais c'était le cas. Mais elles se méfiaient malgré tout.

Mais non ?

— Même s'il n'y avait aucune raison.

Ah, quand même.

— Enfin, si je suis honnête, bien sûr que j'y ai réfléchi. Mais je suis le seul apparemment, ironise-t-il. J'ai souvent eu peur de ne pas retrouver une telle complicité avec quelqu'un d'autre. Pas toi ? Et puis…

Et puis, c'est ce moment précis qu'a choisi notre serveur pour nous dire que la dernière part de tiramisu venait « hélas » d'être servie.

Sérieusement ?

Il enchaîne ensuite avec la longue liste de tous les desserts encore disponibles à la carte. Et Mathias, comme si de rien n'était, lui demande les parfums de glace proposés. Il se moque de moi ? Il a à peine fini de commander – deux boules de pistache, son parfum préféré, j'aurais pu le parier – que Marie l'appelle. Et, au lieu de laisser sonner, il décroche et se dirige vers la sortie pour lui parler.

J'ai envie d'exploser. Non pas que la potentielle « non-révélation » de Mathias change quoi que ce soit. Mais tout de même. Pourquoi n'avons-nous jamais eu cette discussion ?

Mathias revient, et je pourrais reprendre là où on en était. Mais c'est ridicule. S'il en était arrivé à la conclusion qu'il fallait sortir avec moi, on n'en serait pas là aujourd'hui. À manger deux boules de glace en parlant de mon avenir amoureux basé sur des scénarios foireux. Et puis qu'est-ce que je raconte : c'est Mathias, mon meilleur ami, celui que j'ai vu faire pipi au lit ! Non, ça ne sert à rien d'en reparler. Sauf si lui remet le sujet sur le tapis.

— Marie t'embrasse ! Désolé, elle confirmait nos billets d'avion pour Lisbonne pour le jour de l'an. Je suis désolé, mais je vais encore devoir annuler notre karaoké. Mais, pour me faire pardonner, je t'ai pris non pas un mais deux calendriers de l'Avent, m'annonce-t-il en fouillant dans son sac à dos.

Notre karaoké du 2 janvier ? Celui qui lance officiellement la nouvelle année ? Deux karaokés d'affilée ?

Je suis déçue qu'il annule notre tradition sans même se poser de questions, mais je ne le montre pas. Et j'accepte ses excuses chocolatées. À savoir les calendriers Kinder et Ferrero Rocher.

— Ah, et tu me diras ce que tu veux pour Noël aussi ! Marie a bien une idée, mais peut-être que tu avais repéré quelque chose.

Ils vont même choisir mon cadeau tous les deux.

C'est bel et bien l'amour fou entre eux. Il ne me reste plus qu'à l'écouter me raconter leur week-end prolongé à Rome. Et la laisser m'offrir ce qu'elle a trouvé.

De mon côté, je vais me concentrer sur James et Benjamin.

Ne plus jamais manger de tiramisu.

Et me gaver de chocolats.

23

Un point de vue masculin

Samedi 3 décembre

Les scénaristes en charge de ma vie sentimentale devaient être en grève ce vendredi, car il ne m'est rien arrivé. Et ce n'est pas plus mal. Je vais déjà saturer les filles d'informations entre l'épisode de la clinique et ma discussion fort surprenante avec Mathias. J'aurais aimé profiter de notre cours d'aquagym pour tout leur expliquer, mais il a été annulé. Alban s'est apparemment claqué un muscle, et ils n'ont trouvé personne pour le remplacer. Pour une fois que je voulais y aller !

Il est environ 18 h 30 lorsque je retrouve Fanny et Emma devant la porte de l'immeuble de Rose. Je ne me sentais pas de monter seule. Non pas qu'un anniversaire en présence d'une vingtaine de petits vieux déchaînés me fasse peur… Enfin, je crois. Je ne savais pas non plus trop comment m'habiller, Rose étant ma seule amie de soixante-quatorze ans. J'ai enfilé une chemise blanche cintrée et une jupe bleu marine plissée. Mais je ne me suis pas reconnue. On aurait dit un rôti de Noël trop ficelé. Alors j'ai tout troqué contre un pantalon fluide vert foncé et une blouse fuchsia. La même nuance que le slip de bain que Maurice arborait le jour de son accident. Mais je ne me souhaite pas le même destin.

Je n'étais jamais venue chez Rose, mais c'est exactement comme je l'imaginais. Un bel immeuble haussmannien, des moulures au plafond, un immense sapin décoré avec goût dans le hall d'entrée et un ascenseur où seulement deux personnes très minces peuvent rentrer.

Rose nous ouvre sa porte ornée d'une couronne de Noël faite maison. Elle porte un pantalon gris et un pull en cachemire rose pâle. Elle sent toujours aussi bon, et son cou et ses poignets sont parés de bijoux magnifiques. Et ce n'est pas de la fantaisie ! Elle nous embrasse chaleureusement avant de nous inviter à entrer en prenant les deux bouteilles de champagne et le bouquet de lis blancs que nous avons apportés. Puis c'est tout excitée qu'elle nous présente son « groupe de copines ». Trois gossip girls de soixante-dix ans prénommées Marguerite, Suzanne et Josette, qui, au vu de leur enthousiasme, ont déjà bu plusieurs flûtes avant notre arrivée. Mais Rose coupe court à tout projet de commérage en nous murmurant :

— Je préfère qu'on ne parle pas ici de qui vous savez. Mes enfants et petits-enfants sont là.

— Bien noté, Rose, acquiesce Emma.

— Alors, vous avez été gâtée ? lance Fanny au moment où Alexandre entre dans la cuisine où nous papotons.

— Ah, te voilà, mon chéri ! Fanny, Emma ! Vous ne connaissez pas mon petit Alexandre, si ? demande Rose en prenant son petit-fils par le bras.

— Eh non ! répond Fanny en m'interrogeant du regard puisque Rose ne m'a pas mentionnée.

Alexandre quitte la pièce rapidement après quelques politesses, mais malheureusement Fanny n'en reste pas là.

— Dites donc, Rose, pourquoi vous ne nous avez jamais parlé de lui ? Et quand je dis « nous », je pense « Manon » !

— J'ai essayé l'autre jour à *La Rotonde*. Et Manon l'a rencontré à la clinique, mais il ne lui a pas fait forte impression apparemment. Enfin… Il me désespère : trente-deux ans cette année, et il ne m'a encore jamais présenté de petite amie ! Il a le droit de s'amuser, mais je ne vais pas vivre encore mille ans.

— Mais quelle bêtise j'entends là ? lance alors Maurice, appuyé sur une béquille et une botte orthopédique au pied.

Notre partenaire d'aquagym tient la jambe – sans mauvais jeu de mots – à mes amies, et j'en profite pour m'éclipser et visiter l'appartement. Je m'y sens bien : il a un passé, contrairement au mien, meublé à quatre-vingt-dix pour cent d'Ikea, de Maisons du monde et compagnie. Tout est beau et ordonné. Mention spéciale au plaid en cachemire beige dans lequel je me loverais bien et aux bougies senteur « sapin et feu de bois » en édition limitée. J'ai honte, mais je me surprends à penser que vivre dans l'appartement de Rose serait un objectif de vie honorable.

Dix minutes plus tard, je retrouve Fanny et Emma en train de comploter sur le balcon, décoré de guirlandes lumineuses dorées. C'est officiel : il me faut cet appartement. Les filles parlent encore de ma vie amoureuse, c'est évident.

Selon elles, les leurs n'ont rien de croustillant. Ce qui est totalement faux. La première est dans une relation longue durée avec… le célibat. Elle ne considère pas les hommes qu'elle met dans son lit comme de potentiels partenaires de vie. Et la deuxième se marie bientôt. Sa copine, Elsa, a sorti le grand jeu l'été dernier. Baptême de parapente, demande à plus de cinq mille mètres d'altitude, « oui » crié dans les airs et bague passée au doigt une fois de retour sur la terre ferme. Si ce n'est pas cinématographique, ça ?

— Non mais Mathias ne ressent rien pour Manon, j'en suis convaincue, affirme Emma à Fanny, qui est donc toujours en boucle sur sa théorie.

— Tu m'épuises, Fanny…, lancé-je en les rejoignant. Et j'anticipe : je ne t'ai pas parlé d'Alexandre, car il est hors catégorie. Il est au courant de notre improbable mission intitulée, je te le rappelle, « Un mec pour Manon à Noël ». La honte !

— OK, je ne dis rien, mais seulement si tu reconnais que Mathias qui vous a imaginés ensemble, ce n'est pas rien !

Infatigable. Je lui ai raconté mon dîner avec Mathias il y a à peine vingt minutes dans l'ascenseur, et elle est repartie dans ses spéculations dont elle a le secret.

— Mais, si je le reconnais, tu vas encore moins me lâcher, Fanny !

— Ahhhhh, donc tu es d'accord avec moi, jubile-t-elle.

Je m'apprête à lui dire de baisser d'un ton lorsque Alexandre sort sur le balcon.

Il s'éloigne le plus possible de nous et allume une cigarette. Je n'aime pas les gens qui fument. Et il le devine, car il se sent obligé de se justifier :

— J'ai presque totalement arrêté, mais ces réunions de famille sont parfois compliquées…

— J'imagine. Enfin, en réalité, non… Je n'ai jamais fumé, je suis fille unique et je ne vois jamais mes deux tantes éloignées.

Manon, fournisseuse officielle de réponses gênantes depuis maintenant vingt-huit ans.

— Je vous laisse discuter, poursuit-il.

Je m'apprête à le remercier, mais Fanny me devance. Et elle… l'invite !

— Oh, mais non, tu es le bienvenu, joins-toi à nous. Ta grand-mère t'a presque tout raconté, je crois. Et un point de vue masculin nous serait très utile, accessoirement.

Hein ? Quoi ? Pas du tout !

— Je ne suis pas sûr de pouvoir aider. Après tout, ma grand-mère pense que je suis un cas désespéré…

— Oh, mais tu sais, Manon n'est pas loin de toucher le fond, elle aussi. Son ex, Maxime, l'a plaquée lamentablement avant de lui demander s'il pouvait adopter son chat, Macumba. Et si ça continue comme ça, elle va nous en prendre un deuxième, je sens.

Sérieusement, Fanny ?

Alexandre semble choqué. Et je ne sais pas quel détail l'a fait tiquer. Le comportement de Maxime, le nom de mon chat ou la possibilité que j'en accueille un second à la maison. Mais il ne rebondit pas. Il termine juste sa phrase, en me fixant :

— Et Manon n'a pas l'air emballée par l'idée.

Merci à lui.

— Alex, qu'est-ce que tu fais ? Maman te cherche partout ! Tonton est encore bourré et déchaîné ! s'exclame alors une jeune fille blonde d'une vingtaine d'années.

— Désolée, mais il est occupé, lui explique tout naturellement Fanny. Il nous aide, on a une grosse urgence à gérer.

Je n'en reviens pas.

Alexandre, lui, est mi-choqué, mi-amusé alors que celle qui semble être sa petite sœur repart, blasée.

— Désolé, Manon, mais mon oncle est une vraie plaie, avoue-t-il, en me regardant toujours droit dans les yeux. Je ne suis pas contre l'idée de rester finalement.

24

Infiltration

Emma est partie nous chercher à boire, et Fanny a demandé à Alexandre à quel point il était au courant de l'affaire. Verdict ? Ce garçon en sait déjà beaucoup trop, et ça ne va faire qu'empirer. Elle a complété les quelques pièces manquantes du puzzle. À savoir : mon refus d'être raccompagnée par James, la révélation de Mathias et ce satané tiramisu que je ne commanderai jamais plus.

Je lui montre ensuite le petit nouveau, Benjamin, en photo, explique qu'il est médecin et révèle que notre première discussion n'a pas été des plus sexy. Mais je suis convaincue que des histoires ont déjà commencé par : « Elle lui avait proposé un verre, lui une coloscopie… » et que tout s'est bien fini !

— Alors tes premières impressions, Alexandre ? conclut Fanny, qui espère trouver un allié.

— Mes « premières impressions » ?

— Oui, ton opinion ! Tu as un favori ? précise-t-elle. Moi, je suis convaincue que Mathias est fou de Manon ! Et en plus, maintenant, on sait qu'il y a réfléchi.

C'est reparti.

— Mathias ? Je n'y crois pas. Enfin, je veux dire… C'est assez normal qu'il ait dit ça ! Manon et lui se connaissent depuis toujours. Ils ont tout vécu et partagé ensemble. Et Manon est…

Alexandre marque une pause.

— … objectivement jolie, donc forcément qu'il y a réfléchi. Mais il a l'air vraiment amoureux de Marie, non ? Et puis ta copine semble bien savoir ce qu'elle ne ressent pas pour lui.

Voyons le positif : cette expérience m'aura au moins permis d'entendre par deux fois un garçon dire que je suis jolie !

— Donc je suis la seule à croire à cette théorie ! soupire Fanny, blasée. Si j'avais su, je ne t'aurais pas invité à te joindre à nous. Ne me dis pas que tu votes pour l'ennemi juré ? Même si je ne suis pas contre voir James et Manon partager le même lit. Comme ta grand-mère, d'ailleurs.

— Pourquoi ça ne m'étonne pas ? Personnellement, je n'ai jamais compris ce concept débile qui consiste à se détester pour s'aimer. Et pourquoi ils nous bassinent sans cesse avec ce scénario ?

Au moment où il prononce ces paroles, Fanny, Emma et moi, qui nous servions à nouveau à boire, nous tournons vers lui. Il en a trop dit ou pas assez. Et il le comprend instantanément.

— Je plaide coupable : moi aussi, j'ai vu pas mal de comédies romantiques.

Cette fois, c'est sûr, il en a trop dit pour ne pas développer. Il soupire, puis poursuit :

— Pendant deux ans, je suis sorti avec une fille qui m'a tout fait regarder. Vraiment tout ! Il y avait du passable, mais surtout du très, *très* mauvais. Bref, je peux accepter les clichés du type « Harper doit transformer un chalet vétuste en complexe immobilier… avant de tomber amoureuse de Charly, le bûcheron qui en a hérité », mais le con qui se transforme en prince charmant du jour au lendemain, ça me dépasse. Comme si un mec odieux pouvait devenir l'homme parfait en une heure et demie !

Je ris.

— OK, force est de constater que James est encore plus beau en vrai qu'en photo, mais personnellement je n'y crois pas, conclut-il.

— Qu'est-ce que ça conspire par ici ?! Et Alexandre, j'espère que tu n'es pas en train de fumer ?!

Rose, une coupe de champagne à la main, nous surprend en pleine discussion.

— Non, grand-mère, se justifie-t-il en levant ses mains, à peine débarrassées de l'objet du délit. Et figure-toi que j'aide tes amies.

— Vous saviez qu'Alexandre était un véritable expert en comédies romantiques, Rose ? demande Emma, amusée.

— Pas du tout ! Depuis quelques années, mon petit-fils ne me dit plus rien. Comment ça se fait ?

— L'amour, Rose, l'amour. Hélas, c'est une histoire qui se conjugue au passé..., j'ironise.

Après tout, ma propre vie sentimentale est commentée sans ménagement. Je peux aussi m'amuser.

— Et pourquoi tu l'as quittée, celle-là ? lui reproche Rose. Tu as une photo à me montrer ? Que je vois à quoi ma petite-belle-fille aurait pu ressembler ?

— N'importe quoi, grand-mère. Je ne l'ai pas quittée, c'est elle qui m'a largué. Et ça date d'il y a quatre ans. Comme quoi, regarder des comédies romantiques, ça ne paie pas. Mais on n'est pas là pour parler de moi.

— Non, mais je ne te lâcherai pas pour la photo. Je veux savoir qui a partagé la vie de mon petit-fils pendant deux ans.

Il s'exécute, et je pense : *Qui garde des photos de son ex dans son téléphone ?*

Pas lui.

Il ouvre Instagram, tape son nom et sélectionne une photo. Blonde, élancée, souriante... Et sympa, ça se voit ! Mais certainement un peu trop bien dans sa peau pour qu'on ne l'envie pas et qu'on ait sincèrement envie de devenir son amie.

Enfin, ce n'est que mon humble avis.

Ce n'est évidemment pas celui de Rose, qui serait capable de l'appeler pour la supplier de reprendre son petit-fils.

Moi aussi, je meurs d'envie d'en savoir plus, mais je sens que si je pose une seule question, il va me détester. Donc, je me sacrifie.

— Bon et alors, selon toi, je persévère avec Benjamin ou pas ?

— Benjamin, il a l'air sympa, mais je n'y crois pas trop non plus, même s'il est médecin et que c'est un gros point, j'ai bien compris.

— Je maintiens qu'il faut trouver d'autres profils intéressants, affirme alors Emma.

— Excellente idée ! Et puis, des petits amis potentiels, ça court les rues à Paris, s'enthousiasme Rose.

Je m'apprête à lui dire qu'on ne doit pas vivre dans la même ville lorsque Fanny rebondit :

— Soyons efficaces. Va-t-il y avoir des occasions propices à de nouvelles rencontres dans les prochaines semaines, Manon ?

Je réfléchis.

— À moins qu'un mec de la boîte ne me déclare sa flamme lors du Secret Santa, je ne vois pas... Ah, il y a la traditionnelle soirée de Noël de Premium Croquettes aussi. Peut-être qu'il ne faudrait pas seulement que je regarde les chiens...

Je ne le dis pas aux filles pour ne pas me ridiculiser plus que nécessaire, mais j'adore cet événement. Parce que la marque choisit toujours des lieux grandioses, que le buffet est excellent et que, cerise sur le gâteau, je repars chaque année avec des cadeaux : un pour moi... et un pour Macumba !

— C'est pas mal ça, oui ! Et le petit James, vous en avez reparlé ? Il t'a quand même accompagnée mardi à la clinique, enchaîne Rose, relançant ainsi le débat James Mercier.

— Et il l'a même attendue, grand-mère, ajoute Alexandre, ravi qu'on ne parle plus du tout de lui.

— Mais non ? Mais pourquoi tu ne m'as rien dit ?

— Parce qu'il ne m'a pas raccompagnée, Rose, j'ai refusé. J'ai... j'ai paniqué ! Parce que je suis d'accord avec Alexandre. Je n'y crois pas. C'est trop beau pour être vrai.

— « C'est trop beau pour être vrai » ? Tu aimerais que ça soit vrai ? Dans ce cas, il faut en avoir le cœur net. Savoir si James s'est vraiment adouci parce qu'il… tient à toi. C'est une possibilité, non ?

Rose est devenue pire que Fanny.

— Et comment allons-nous faire ça, Rose ? l'interroge Emma. J'ai l'impression que vous avez un plan !

— Tout à fait, ma belle ! Vous me connaissez, j'ai toujours des idées. Vous allez rire, mais je me disais qu'Alexandre pourrait… s'infiltrer ! Ça se fait à la télé ça, non ?!

— Je vais quoi ? Non mais c'est n'importe quoi, grand-mère !

— T'infiltrer. Débarquer dans la vie de James, sympathiser avec lui et lui tirer les vers du nez. Ça ne doit pas être bien sorcier. Et ça peut même être rigolo ! Si je pouvais, je le ferais mais, comme tu sais, je suis relativement occupée.

— Non mais non, ce n'est pas une bonne idée. Je ne vais pas « m'infiltrer » et soutirer des informations à ce type. Et désolé, Manon, ne le prends pas personnellement, mais grand-mère, tu m'expliques pourquoi je ferais ça ?

« Ne le prends pas personnellement »… Il est gentil, c'est légèrement vexant !

Rose a cet air malicieux que je connais trop bien chez Fanny. Et, après avoir marqué une pause pour plus de dramaturgie, elle déclare :

— Parce que je vais te proposer un marché que tu ne pourras pas refuser.

25

À prendre ou à laisser

Il semblerait que ma partenaire d'aquagym soit une grande fan d'« Affaire conclue » sur France 2 ou du *Parrain* ! Alexandre, en tout cas, n'est pas surpris de la réplique de sa grand-mère. Il est à la fois amusé et effrayé.

— Tu nous aides, et je ne t'embête plus jamais avec tes histoires de cœur ! Plus de questions. De potentielles petites amies. D'allusions à ta vie privée. Rien. Enfin, jusqu'à ce que tu me présentes quelqu'un et que je sois conviée à votre mariage à la mairie. J'imagine que l'église, c'est trop te demander ?

Au vu de sa réaction, Alexandre s'attendait à beaucoup de choses, mais pas à ça.

— Tu es sûre d'en être capable ? J'ai comme un gros, gros doute, grand-mère…

— Mais oui, promis !

— Plus rien du tout ?! Même plus les guets-apens foireux dont tu as le secret ?

— Je ne sais pas de quoi tu parles, mon chéri, je…

— Je parle des traquenards organisés avec tes copines. Comme la fois où j'ai dû venir réparer la machine à laver de Josette et que – ô surprise ! – sa petite-fille a débarqué et m'a tenu la jambe pendant deux heures et demie ! Tu avais même suggéré qu'on aille dîner tous les deux. Ça ne te rappelle rien ?!

Pourquoi Rose ne m'a-t-elle pas présenté Alexandre si elle tente de le caser avec les petites-filles de ses copines à tout bout de champ ? Enfin... Ce n'est pas le moment de poser cette question. Le ridicule ne tue pas, mais je suis déjà tombée bien bas.

— Vaguement... Si. Bon, Alexandre, pas besoin d'aller plus loin. J'ai saisi l'idée et sois gentil, c'est mon anniversaire, je te ferais remarquer. Je reconnais que parfois j'ai peut-être... abusé. Mais c'est dommage, tu lui plaisais beaucoup à cette Anita ! Et elle avait l'air très bien.

Assister à cette conversation est assez divertissant. Et j'ai bien envie d'intervenir pour savoir dans quelle mesure Alexandre sait réparer une machine à laver, mais ce n'est toujours pas le moment.

— Et si James me reconnaît ? On s'est croisés à la clinique l'autre jour..., poursuit celui qui n'a, à ma grande surprise, pas encore dit « non ».

— Fanny va bien te trouver une excuse bidon s'il faut, lui promet Emma. Elle et son cerveau sont nés pour ce genre de situations.

— Bon... Je veux bien vous aider, mais je rajoute une condition. Et c'est non négociable, grand-mère, affirme Alexandre, très sérieusement.

OK, nous sommes officiellement dans « Affaire conclue ».

— Tu ne te mêles plus du tout de ma vie privée ET tu me tiens informé de tes manigances concernant qui tu sais. Je veux savoir si tu le vois, quand, et être là si besoin.

Ça va être compliqué pour Fanny, Emma et moi de trouver quoi que ce soit à redire à cette revendication. Rose réfléchit. Cette joute verbale familiale l'amuse, mais je perçois aussi qu'elle aurait préféré que son petit-fils n'intervienne pas dans le « projet Lucien ».

Mais elle n'a pas le temps de répondre que Fanny lui coupe l'herbe sous le pied.

— Attendez, attendez, j'ai encore mieux ! s'exclame-t-elle avec excitation, ce qui ne peut que me faire paniquer. Et si, pour aller au bout de notre expérience, Alexandre se faisait aussi passer pour le mec de Manon afin de rendre Mathias jaloux ?

Je manque de m'étouffer avec mon toast au saumon fumé.

Rose trouve ça brillant – j'aurais pu m'en douter –, et Emma s'aventure sur un terrain glissant.

— J'avoue que ça serait drôle ! Mais attention, Manon, tu sais ce qui peut arriver. On en a vu des films où le faux couple finit par tomber amoureux pour de vrai. J'adore le « *fake dating* » ! D'ailleurs, j'ai oublié, il est dans la liste, non ?

— Et ça arrive souvent ? demande Rose, particulièrement enthousiaste tout à coup.

— Évidemment ! Rose, tout est possible, voyons, jubile Fanny.

C'est officiel, les filles ont zappé qu'Alexandre et moi étions là. Je reste bouche bée, mais lui ne se démonte pas.

— Ne comptez pas sur moi pour jouer les faux couples avec Manon ou je ne sais quoi. Je veux bien vous aider avec James, mais je ne vais pas plus loin.

Et c'est à ce moment-là que j'ai dit une phrase qui va me hanter.

Longtemps.

Très longtemps.

— Pourquoi ? Parce que tu as peur de m'embrasser et de succomber ?

Je sais. Plus personne n'emploie ce verbe en 2025. Verbe dont le sens premier est – ne l'oublions pas – « s'affaisser ».

Je ne sais plus où me mettre. Je n'ai aucune excuse. J'ai parlé sans réfléchir, mais ce n'est pas une excuse. Je ne comprends même pas d'où ça sort. Alexandre ne m'intéresse pas. Il a juste de belles mains. Pourquoi ai-je encore paniqué et pourquoi cet ensemble de mots malheureux est sorti de ma bouche, comme dirait l'autre, « à l'insu de mon plein gré » ?

Tout le monde me regarde. Fanny et Rose sont hilares, Emma est embarrassée, et Alexandre, lui, joue la carte de l'honnêteté :

— Oh non, je n'ai pas peur que ça puisse arriver, mais je n'ai pas particulièrement envie de jouer la comédie et de mentir à ton meilleur ami. Et même si ma grand-mère assure que non, j'ai aussi une vie.

Merde. Il sait réparer une machine à laver. Il est honnête. Et il a une vie. Contrairement à moi.

Et il a aussi de la repartie.

— Oui, nan, mais oui, bien sûr, ai-je bafouillé lamentablement.

Heureusement pour moi, c'est ce moment que Maurice choisit pour débarquer et inviter Rose à danser, malgré son entorse à la cheville. Oui, parce que l'homme aux slips de bain riquiqui est amoureux de notre amie, qui fait semblant de ne pas être au courant. Après nous avoir suggéré d'aller également « sur le dance floor », Maurice tend sa main à Rose pour l'emmener sur la piste. En vain. Le pauvre ne pouvait pas se douter que celle pour qui il a le béguin est en pleine négociation.

— C'est adorable, mon cher, mais j'ai une conversation à terminer. Mais promis, je suis à toi juste après, lui dit-elle avec délicatesse.

OK, le nom de famille de Rose est Corleone, et peut-être qu'il faut que je commence à me poser des questions sur celle que je ne connais pas si bien finalement !

— Les filles, je suis embêtée…, nous avoue-t-elle. Les termes du marché sont intéressants, mais j'ai quand même l'impression qu'Alexandre l'emporte, non ?

Encore une fois, ma Fanny a une idée. Elle chuchote sa proposition à l'oreille de Rose, qui se met instantanément à rire.

— Parfait ! se réjouit-elle. Fanny a trouvé. Mon chéri, l'affaire est conclue à condition que tu viennes aussi, dans les prochaines semaines, à l'aquagym avec nous. C'est à prendre ou à laisser.

26

Salon du mariage et infiltration

Mardi 6 décembre

Lorsque James me raconte qu'il a rencontré « un mec super sympa prénommé Alexandre » à la salle de sport hier soir, je m'étouffe presque avec mon chocolat chaud, avant de répondre le plus calmement possible :

— Ah oui ? Tant mieux.

Il faut se rendre à l'évidence : depuis samedi, 19 h 52, j'ai perdu le contrôle de ma vie sentimentale. Après avoir scellé leur accord par un câlin, Rose est partie danser avec Maurice, et Alexandre a découvert que Fanny ne faisait jamais rien à moitié. Ma meilleure amie, ses lunettes léopard sur le nez, a tout de suite pris les choses en main en commençant par faire ce qu'elle aime plus que tout : créer un groupe WhatsApp dédié au projet. Elle a opté pour le très explicite « James Mercier infiltration 🔎👩 ». J'ai pensé lui rappeler que la discrétion pourrait nous permettre de mener à bien notre mission ; mais à quoi bon… Quant à ma dignité, elle est certainement mieux là où elle est : au chaud, enterrée bien profond.

Puis Fanny a enchaîné avec sa deuxième passion : donner des ordres et déterminer le rôle de chacun. Si elle n'a pas perdu de temps, c'est parce que le timing est « très serré ». James et moi partons à Strasbourg ce jeudi et, selon elle, il nous faut, absolument, des réponses avant. Emma, elle, a été assignée au planning. Je lui ai révélé tout ce que je savais de la routine de James, et Alexandre a donné ses disponibilités. Lorsqu'il a dit « Tout sauf mercredi, je suis occupé », Rose, de retour parmi nous, a évidemment tiqué. Mais elle s'est retenue de poser la moindre question. Personnellement, je lui donne trois jours avant de craquer.

Pour résumer, Alexandre devait donc tenter d'entrer en contact avec James lundi soir au sport. Ce qu'il a fait ! Les filles mouraient d'envie d'aller l'espionner, mais Emma avait ses faire-part de mariage à finaliser, et j'ai menacé Fanny de tout abandonner si elle osait se pointer. Le petit-fils de Rose s'est bien débrouillé puisqu'ils ont sympathisé entre deux développés-couchés. Apparemment, mon séduisant collègue, qui ne l'a pas reconnu, a monopolisé la discussion, et mon prénom n'a jamais été prononcé. Mais, au moins, le « poisson a été ferré ».

— Ça change des mecs qui viennent pour draguer. Et il fait du trail. Moi qui voulais m'y mettre, c'est parfait. Je lui en parlerai ce soir si je le vois, ajoute James.

Formidable. Monsieur cheveux parfaits est bel et bien en train de craquer pour quelqu'un. Et ce n'est pas moi. Pire, c'est Alexandre, le petit-fils de Rose, qui n'a qu'un rôle de second plan à jouer.

— Enfin, assez parlé de moi, tu as passé une bonne soirée, toi ? continue James, alors que nous arrivons à destination au Salon du mariage où nous passons l'après-midi !

S'il savait que j'ai attendu un message de son nouveau copain toute la soirée… Heureusement, Fanny – connaissant par cœur ma non-capacité à improviser – m'a fourni un alibi à donner à James en cas de besoin. J'étais soi-disant à mon cours d'escalade ! J'ai objecté à mon amie que c'était un très mauvais mensonge, car mon ennemi juré fait de la varappe comme je comate dans mon lit, mais elle m'a assuré qu'il serait impressionné. Et qu'en plus il en déduirait que sous ma parka oversize « se cache en réalité un corps de déesse affûté ». Selon elle, l'escalade est le sport idéal pour être bien foutue, et cet argument m'a convaincue. Ce que je regrette, là, tout de suite maintenant.

— Mais non, tu grimpes où ? Tu ne m'avais parlé que de l'aquagym ! Je ne t'aurais pas imaginée faire de l'escalade, réagit-il, surpris.

Moi non plus, James, moi non plus. Je déteste Fanny et ses idées. D'autant que j'ai dû faire ce que je ne sais pas faire : improviser.

— Ah, regarde, voilà le stand de Victoire Paulain.

La principale concurrente de Chloé Maignot que nous sommes venus espionner.

— Je te laisse y aller en solo. Profites-en pour faire ton petit numéro auprès d'une vendeuse pendant que je fais un tour pour prendre en note les tendances de la saison.

Et hop, débarrassée de James Mercier !

Je n'avais jamais foulé les allées du Salon du mariage. Et je dois dire qu'elles m'oppressent légèrement. Tout est trop blanc ! Les robes, les stands, les uniformes des vendeurs, les dragées... Il n'y a pas une once de couleurs au kilomètre carré. Enfin, à part moi, mon legging léopard et ma veste en velours côtelé bordeaux. Mon sang ne fait qu'un tour lorsque je découvre, au bout de l'allée C, le gigantesque sapin de Noël intégralement blanc lui aussi. Comment ont-ils pu ? Non, parce que j'accepte beaucoup de choses, mais pas qu'on ôte sa vraie couleur au roi des forêts.

Remise de mes émotions, je poursuis ma balade en terre inconnue. Faire-part en feuille d'or, drone ultra-performant pour tout filmer, arrivée en montgolfière... Il y en a pour tous les goûts et pour tous les couples ! Enfin, toutes les femmes surtout. Car rares sont les hommes qui ont posé une RTT ce mardi pour venir préparer le plus beau jour de leur vie. Quelle erreur ! À peine arrivé, James a fait sensation, et je ne serais pas surprise qu'il détourne deux ou trois fiancées du droit chemin.

Quand je le retrouve quarante-cinq minutes plus tard, il est toujours en grande discussion avec la vendeuse du stand de la fameuse Victoire Paulain. Il m'aperçoit et me fait signe de les rejoindre, puis précise quelque chose à son interlocutrice tout en me montrant du doigt.

— Bonjour, vous devez être..., commence, enjouée, celle qui se prénomme, d'après son badge, Zoé.

Et là, me croyant dans une version romancée de ma vie, j'ai supposé et ça a mal tourné !

— Non, je vous arrête, je ne suis pas la future mariée ! Et ne me dites pas non plus qu'on forme un très beau couple avec James parce qu'on n'est pas ensemble, lancé-je, sûre de moi.

Hélas.

— ... Manon, j'allais juste dire Manon, reprend alors Zoé, qui ne peut s'empêcher d'ajouter : et non, je vous rassure, à aucun moment je n'ai envisagé que vous étiez sur le point de vous marier.

Une héroïne à terre. Je répète, une héroïne à terre !

Après Marie qui m'a cataloguée comme la « meilleure amie dont il ne faut pas s'inquiéter », le tacle gratuit d'une vendeuse de robes de mariée ? Là, tout de suite, j'aurais bien besoin de ma Fanny.

— James m'a expliqué que vous étiez collègues et la raison de votre venue, se sent-elle obligée de préciser en me voyant certainement me décomposer.

Désolée, mais le mal est fait, Zoé !

— Mais ce n'est pas parce que vous êtes collègues que rien ne peut se passer entre vous, hein ?

Zoé sort les rames, et James rebondit :

— Ce n'est pas gagné, on est plutôt du genre à s'envoyer des piques à longueur de journée. À vrai dire, j'ai récemment appris que Manon me détestait.

Peut-on faire une pause et analyser l'emploi de « pas gagné » ?!

— Ah ! Mais de la haine à l'amour, il n'y a parfois qu'un pas…, poursuit Zoé. Et si vous voulez mon avis…

Pas vraiment. Mais je sens qu'elle va nous le donner.

— Allier boulot et plaisir peut avoir du bon. Personnellement, j'ai…

Alors que Zoé s'apprête à nous raconter les détails intimes de sa vie privée, je reçois un texto. Hasard ou destin, c'est Benjamin avec qui j'espère sincèrement ne jamais devoir allier vies professionnelle et privée.

Hello Manon, je suis désolé, j'ai un contretemps demain soir (une opération urgente s'est rajoutée). Tu serais libre ce soir par hasard ? Je t'embrasse. Benjamin

On aime beaucoup l'excuse de l'opération qui nécessite de décaler, non ?

Je profite de cette « urgence » sur mon téléphone pour tenter de fuir cette conversation malaisante avec James et Zoé, mais je n'arrive – hélas ! – pas à y échapper. Zoé est commerciale dans l'âme et, à défaut de me vendre une robe de mariée, elle compte m'imposer son point de vue.

— Bon, donc vous vous détestez, mais pourquoi ? Ça cache quelque chose, non ? Vous ne vous êtes jamais vus en dehors du boulot ?! Pas d'apéro qui aurait dérapé ? D'after d'un pot de départ un peu trop arrosé ? Ou même un anniversaire surprise de je ne sais pas qui ?!

Non, Zoé.

J'ai envie de lui glisser que James est mon ennemi juré, mais il est si près de moi que je sens son parfum comme si c'était le mien.

— Jamais ! C'est à croire que Manon évite de se retrouver à mes côtés ! Qui sait, depuis tout ce temps, tu craques peut-être pour moi ? me lance-t-il en se tournant vers moi.

Il est sérieux ?

— C'est bientôt Noël, James, mais il ne faut pas rêver ! Désolée de ne pas te courir après comme toutes les filles de la boîte, lui réponds-je, habilement pour une fois.

— Alors, comme ça, tu as remarqué qu'elles me couraient toutes après ? Tu vois que tu t'intéresses à ma vie privée finalement !

— Pas du tout. Je ne fais...

— Pardonnez-moi, mais vous allez devoir continuer sans moi. J'ai des clients, des vrais, nous coupe Zoé, en nous montrant une jeune femme accompagnée de son amoureux qui ne semble pas avoir choisi d'être ici.

J'ai bien envie de lui rappeler que c'est elle qui a lancé le sujet. Mais, encore une fois, Miss robes de mariée ne me laisse pas le temps de parler.

— Et faites-moi plaisir, allez dîner tous les deux pendant votre petite excursion à Strasbourg. Au mieux, votre relation évolue ; au pire, vous ferez une note de frais !

Mais qu'elle est drôle. Zoé ne connaît pas Sylviane !

Je ne laisse pas le temps à James de m'envoyer une pique en le questionnant sur les infos qu'il a récoltées. Bilan ? La très chère Zoé aime parler, et elle n'a apparemment pas signé de clause de confidentialité.

— Zoé a raison, on ira dîner à Strasbourg, lance mon « nemesis ». Sylviane m'a envoyé le lien de l'hôtel qu'elle a réservé... Je ne sais pas comment c'est passé niveau budget...

Reste naturelle, Manon.

— ... Mais la carte du restaurant est canon. Sinon, je peux regarder les adresses sympas du quartier...

Ne pas lui dire maintenant que je n'ai plus vraiment le droit de faire des notes de frais.

— ... Et puis, au pire, tu continues de me détester. Au mieux... On verra, conclut-il son exposé.

« On verra » ?!

Je ne lui fais pas le plaisir de réagir, je n'ai pas envie de me ridiculiser une deuxième fois aujourd'hui.

— Voilà, on verra, réponds-je, avant de reprendre mon téléphone et de prétexter un texto urgent.

Et, d'une certaine façon, c'est vrai. Je me dois de tenir le groupe informé des derniers rebondissements.

Manon : Changement de plan, je vois Benjamin ce soir. Alexandre, pour info, James retourne au sport. Et spoiler : il envisage de faire du trail avec toi. Si jamais tu veux que Fanny te trouve une excuse pour décliner, c'est le moment. À ce propos, Fanny, j'ai eu très chaud avec cette histoire d'escalade. Je ne te dis pas merci. Et on va certainement se faire un resto à Strasbourg, mais ON NE S'EMBALLE PAS.

Fanny : Tu pourrais pourtant. Je parie qu'il a fait la tête de « Mais non ? Mais donc elle doit être vraiment bien foutue en vrai ?! » Parfait pour le dîner, n'oublie pas de t'épiler !!

Et bim, la deuxième humiliation de la journée est tombée.
Mais oui, James a été surpris.
Et moi aussi lorsqu'il a acté que nous irions dîner.

27

Rose, Rose, Rose…

Mon « urgence » gérée, je respire un grand coup et feins mon meilleur air blasé au moment de reprendre ma discussion avec James. Je lui propose de se séparer à nouveau, mais il remet le sujet du dîner sur le tapis en me lâchant :

— Je suis content que tu aies accepté. Sincèrement.

Ne montre pas tes émotions, Manon, s'il te plaît.

Mon instinct me pousse à douter de ses propos, mais comme il a employé l'adverbe « sincèrement », je me tais. Et je change de stratégie.

— Écoute, oui, j'ai décidé de vivre dangereusement !

Je ne sais pas d'où sort cette réplique, mais elle sonne bien. J'imagine totalement une actrice la déclamer dans une série à succès sur Netflix. James ne dit rien. Il esquisse un sourire malicieux auquel il est difficile de résister, et je comprends que c'est sa manière à lui de rebondir. C'est moi ou le chauffage est allumé ? Et trop ? Après trente secondes qui m'en paraissent mille, il brise enfin le silence pour lâcher :

— Magnifique ! Je sens que vivre dangereusement est fait pour toi.

Mais je ne me démonte pas. Certainement inspirée par Rose qui ne cesse de nous répéter : « Les filles, il faut les faire mijoter » (« les » n'étant pas un bœuf bourguignon, mais la gent masculine), j'ose lancer :

— J'espère. L'avenir nous le dira.

Et je laisse James en plan.

Pas juste comme ça évidemment. Non, en expliquant que je dois récupérer des contacts de traiteurs végans pour le mariage d'Emma et Elsa.

Notre échange a duré trois minutes vingt-trois secondes à tout casser, mais lorsque je reprends mon téléphone, il compte déjà huit notifications.

Je découvre, surprise, que Rose m'a envoyé des messages en privé. Je m'empresse de lire… Et je n'en crois pas mes yeux ! Elle veut que j'enquête sur la vie amoureuse de son petit-fils auprès… de mon ennemi juré. Selon elle, Alexandre pourrait se confier à James. Je ris. Elle a vraiment de la suite dans les idées. Je devrais rappeler à ma partenaire d'aquagym que ceci est une comédie romantique, et non un film d'espionnage. Mais, à la place, je lui promets d'essayer.

Du côté de la conversation « officielle », les réactions, aussi, ont fusé. Fanny est excitée de voir que le plan se déroule comme prévu, et Emma, elle, me rajoute des requêtes en vue du plus beau jour de sa vie. Rose, quant à elle, nous a partagé les soucis gastriques de Marguerite, son amie ; à savoir une « constipation sévère depuis trois semaines ». Bref, elle aimerait que je questionne Benjamin à ce sujet. Pour l'anonymat et le glamour… On repassera ! Alexandre, de son côté, a simplement réagi à mes annonces par un « pouce en l'air », qui ne me satisfait pas. Suis-je censée comprendre qu'il ira à la salle de sport ce soir ? Je n'ose pas relancer, moi, la fille qui ne doit pas oublier de s'épiler.

J'ai honte. Et dire que j'ai failli l'envisager.

Heureusement, Fanny est là. Ou plutôt sa lourdeur qui a du bon, parfois.

Fanny : C'est bien OK pour toi, Alexandre, ce soir ???? Manon, repasse chez toi prendre une douche avant ton rencard !!!! Sait-on jamais 😉

Oui, je n'ai toujours pas parlé à Fanny de la ponctuation… Et oui, l'humiliation semble être le fil rouge de cette journée.

Manon : Pourquoi ? Il ne va pas m'ausculter ! C'est un verre, pas un rendez-vous médical. (Même si c'est bien noté, Rose, j'essaierai de parler du transit de Marguerite.)

Fanny : Ma poulette, tu manques d'ambition ou de folie !!!! Ou les deux ☺

Rose : Je suis d'accord avec Fanny ! D'autant que c'est bien connu, les médecins sont doués au lit. Et je peux d'ailleurs confirmer… par deux fois.

Rose : Non, trois ! Au temps pour moi.

Alexandre : Grand-mère, je lis… Et oui, c'est OK pour moi si vous voulez.

Je me permets de rappeler que Rose a perdu son mari il y a seulement quatre ans. Et qu'elle a épousé Pierre lorsqu'elle avait une vingtaine d'années. Mais peut-être qu'ils ne s'étaient pas juré fidélité… Encore un « dossier » qu'il faudrait creuser !

Rose : Et qu'est-ce qui te dérange, mon petit chat ? Les soucis de Marguerite ou mes révélations ? Ne fais pas ton timide, n'oublie pas que sans moi tu ne serais pas là ! (Et je ne parle pas de ta présence dans ce groupe !!)

Je n'aurais jamais pensé ça, mais à l'instant t, les infos sur le transit de Marguerite me semblent moins hautes sur l'échelle du malaise que les confidences sexuelles de notre tendre amie.

Emma : Rose, on vous adore ! Et où en êtes-vous de votre côté, d'ailleurs ?

Emma, cette amie qui dévie les sujets au moment opportun pour limiter les dégâts.

Rose : Merci de poser la question, ma chérie ! Figure-toi que j'ai un plan pour Lucien, je vous en parle demain midi si vous acceptez de déjeuner avec moi ! Allez, je vous laisse, ma compétition de bridge va commencer 😉 Et tu vois, Alexandre, je te préviens.

Alexandre : Je vois ça, grand-mère. Merci ! Mais rassure-moi, ton Lucien n'était pas médecin ??!!!

J'explose de rire.

Puis je me remets au travail, c'est-à-dire à la recherche d'accessoires de cheveux pour le mariage d'Emma. Elle souhaite porter une couronne qui sublimera sa longue chevelure rousse, et j'aimerais la lui offrir.

Alors que je crois avoir trouvé la perle rare, James me rejoint. Et merde : j'ai un serre-tête de fleurs doré dans les cheveux et je me prends maladroitement en photo.

— Besoin d'aide, Manon ? lâche-t-il, amusé. Alors, comme ça, tu es réellement fiancée ?

— Non, c'est toujours pour l'une de mes meilleures amies, qui se marie.

— Dommage, ça faisait parfaitement ressortir tes yeux verts.

Deuxième fois qu'il mentionne mes yeux, non ?

Ne montre rien, Manon, surtout. Quand bien même son compliment me donne envie de sourire niaisement comme lorsque je regarde des vidéos de bébés chiens.

James me propose ensuite de me raccompagner. Encore une fois. Nous sommes Porte-de-Versailles, à cinquante minutes en transport environ de là où je dois retrouver Benjamin. La RATP me conseillerait clairement d'accepter son offre, mais l'héroïne débutante qui est en moi en décide autrement.

— Non, c'est gentil, merci, mais je ne rentre pas chez moi.

— Je peux t'emmener autre part si tu veux, ça ne me dérange pas. Le sport et Noémie peuvent attendre, réplique James.

Ah bon ?

— Non, non, ne t'embête pas.

Son assurance légendaire serait-elle en train de lui faire faux bond ? Je ne peux pas m'empêcher de penser qu'il n'aurait pas mentionné Noémie si j'étais repartie avec lui.

Une fois dans le métro, j'analyse en boucle mon dernier échange avec James Mercier et manque de rater ma station. Je rejoins directement Benjamin. Sans passer par la case « maison ». Sans me doucher. Non pas qu'il n'y ait aucune chance que je puisse passer la nuit avec lui. Mais, statistiquement, je sais que si je me prépare à cette éventualité, elle ne se réalisera jamais.

Et puis je suis propre. Et épilée.

Ah, et j'allais oublier… Non, Lucien n'était pas médecin.

28

Benjamin

« Tu n'as pas changé, Manon ! »

S'il y a une phrase que je n'espère pas entendre Benjamin prononcer, c'est celle-là ! Je ne rentrerai pas dans les détails mais, en terminale, je n'étais pas vraiment la star du lycée. Je n'étais pas non plus complexée au point de longer les couloirs, mais j'avais quelques kilos en trop (selon moi ou le regard des autres, ça, je ne sais pas) et, surtout, je croyais savoir me maquiller. Alors que non. J'ai revu les photos, haï toutes les personnes qui ne m'ont rien dit dont Mathias et n'ai eu qu'une envie : les brûler. Les photos, pas les personnes, quand bien même elles ont une grosse part de responsabilité. Ma mère, hélas, m'a interdit de toucher aux clichés. « Ah non, non, Manon ! Tes enfants seront contents de les voir un jour », m'a-t-elle affirmé. Ces fameux enfants que j'aurais – d'après elle ! – avec mon meilleur ami... J'ai ri face à tant de mauvaise foi. Parce que non, mes futurs enfants ne seront pas contents de voir ces photos, ils seront horrifiés. Bref, j'espère que Benjamin me dira que je suis « rayonnante » ou quelque chose dans le genre. C'est peut-être ringard, mais ça fait toujours plaisir, ne nous mentons pas ! J'ai vu quelques photos récentes de mon ex-binôme de chimie sur Instagram, et lui aussi s'est bonifié avec le temps. Mon rendez-vous du soir a les cheveux châtains, les yeux marron, et un sourire franc et rassurant. Son regard l'est tout autant. Le genre de personnes qu'on range dans la catégorie « mec bien et bien dans sa peau » quand on les voit la première fois.

James ayant accaparé mes pensées dans le métro, je n'ai pas eu le temps de trouver la « fausse » raison qui m'a poussée à recontacter Benjamin, au cas où il me poserait la question. Non, je n'ai fait que ressasser l'échange avec mon ennemi juré, son regard, la mention de Noémie, et j'en ai conclu qu'il fallait qu'Alexandre vérifie cet « alibi ». J'ai donc pris mon courage à deux mains pour aborder le sujet dans notre fameuse conversation.

J'arrive au bar situé dans le Marais avec seulement dix petites minutes de retard. Mon ex-camarade de classe m'accueille en souriant. Nos retrouvailles ne sont pas bizarres, c'est Benjamin et, comme prévu, il est rassurant. Je lui souris en retour, soulagée. Tout va bien se passer. S'il me demande pourquoi je l'ai recontacté, j'improviserai.

J'ai juste à éviter :

1. parce que tu méritais que je te consacre un chapitre de ma vie ;

2. pour pouvoir rayer un trope sur une feuille de papier ;

3. pour vérifier que tu t'étais bonifié après toutes ces années.

— Manon, ça me fait plaisir de te voir depuis tout ce temps ! commence-t-il, avant d'ajouter…

Suspense.

— … Tu es superbe !

Un point pour Benjamin, un.

Je pense très fort : *Toi aussi, le temps t'a fait du bien*, mais je retourne sobrement le compliment avec un « Merci, toi aussi ». Puis je m'assois, et il me demande ce que je veux boire avant de s'excuser de devoir garder son téléphone « au cas où ».

— Pas de souci, dis-je avant de moi-même poser mon portable sur la table.

Chacun ses urgences après tout. De mon côté, j'attends des infos d'Alexandre ou, au moins, un pouce en l'air faisant office d'accusé de réception. Je décide de lancer la discussion avec le très ouvert :

—Alors, raconte-moi tout, comment tu vas depuis tout ce temps ?

—Je dois avouer que j'ai connu mieux ! Ma fiancée Sophie m'a largué il y a deux mois, mais sinon ça va.

Et merde, ça ne sera pas lui…

—Professionnellement, je m'épanouis, ma patientèle se constitue petit à petit. Mais personnellement, ce n'est pas trop ça…

En seulement quatre phrases, je comprends que Benjamin n'est pas l'homme de la situation. Quatre petites phrases auront suffi à refermer la porte. Mais voyons le positif, il prend encore de nouveaux patients. Une très bonne nouvelle pour Marguerite et sa constipation !

Je regarde mon téléphone. Pas de nouvelles d'Alexandre. Bon, je ne vais pas psychoter toute la soirée… Surtout si c'est pour recevoir un pouce levé. Je sens que Benjamin a besoin de moi, alors je range mon téléphone dans mon sac. James Mercier attendra.

—Mince, tu veux m'en parler ? dis-je, sincèrement désolée pour lui.

Benjamin soupire, boit quelques gorgées de sa bière, avant de vider son sac. Je la fais courte, Sophie – sa désormais ex-fiancée – a profité de lui, tout en s'amusant à côté. J'essaie de lui remonter le moral et lui suggère de ne pas se remettre en question parce que c'est un « mec bien » et qu'il retrouvera vite quelqu'un. Il me sourit tout en levant les yeux au ciel, et je comprends qu'être un « mec bien » ne paie pas souvent. J'ai bien envie de lui dire que dans les romans si, mais hélas, c'est la vraie vie. Et c'est à ce moment-là qu'il enchaîne par :

—Enfin, je ne vais pas t'embêter avec mes déboires. Et toi, comment vas-tu ? J'étais surpris lorsque tu m'as écrit !

Pourquoi maintenant ? Mathias t'a avoué qu'il m'avait empêché de t'inviter à sortir il y a dix ans ?

Pardon ?

Il voit que je bugge totalement et poursuit, en riant :

— Apparemment non ! Bon, tu devais te douter que j'avais des vues sur toi, mais Mathias m'a fait comprendre à l'époque que je devais laisser tomber. Ce que j'ai fait. À tort, qui sait ?

Attendez, la porte est-elle en train de s'ouvrir à nouveau ?

— Mais… pourquoi ? demandé-je, choquée. Enfin, pourquoi il a fait ça ?!

— Si je savais ! J'ai toujours pensé que tu lui plaisais. Vous êtes toujours amis d'ailleurs ? Ou vous vous êtes éloignés depuis ?

— Oui, oui, c'est mon meilleur ami. Toujours, ça n'a pas changé. Mais non, il n'y a jamais rien eu entre nous.

Et surtout pas des non-dits.

Alors, pourquoi Mathias ne m'a-t-il jamais avoué ça ? Et pourquoi l'a-t-il fait surtout ? Non pas que cela aurait changé le cours de ces dix dernières années. Si Benjamin m'avait proposé de sortir avec lui à dix-huit ans, je ne pense pas que nous serions mariés aujourd'hui. Mais ça ne ressemble pas à mon meilleur ami d'agir ainsi ! Je donne malgré tout le change face à Benjamin, je ne veux pas m'étendre devant lui.

Il me propose de dîner, et j'accepte. Les sujets s'enchaînent : je lui ai parlé de mon job, des croquettes pour chiens et des robes de mariée avant de mentionner le cas Marguerite, en essayant de rester distinguée. Mais je n'ai pas réussi, et Benjamin a prononcé des termes qui ne se répètent pas. On a ensuite à nouveau évoqué Sophie, j'ai essayé de le réconforter, on a ri, on a commenté les parcours de nos anciens camarades de lycée. OK, on les a pas mal critiqués aussi. L'objectif n'a pas été rempli, mais j'ai tout de même passé une bonne soirée.

Avant de se quitter, je lui ai proposé qu'on se revoie pour continuer nos discussions à mi-chemin entre soutien psychologique et nostalgie. En revanche, j'ai décliné sa proposition de me joindre à lui pour Noël qu'il fêtera, comme moi, seul cette année. C'est bien ma veine : il fallait que Benjamin soit poli et prenne des nouvelles de mes parents en train de se la couler douce à Punta Cana. Alors, oui, j'ai menti. J'ai inventé une soirée de Noël avec mes meilleures amies planifiée depuis le début d'année. Ce qui n'est pas totalement faux, car Fanny m'a invitée en Normandie, et je suis, comme toujours, la bienvenue chez Béatrice, la maman de Mathias, qui habite à Grenoble désormais. Je ne sais pas trop pourquoi je ne me suis pas décidée d'ailleurs. Je n'ai jamais fêté Noël « seule » et je ne pense pas particulièrement aimer l'idée. Mais m'incruster au Noël de quelqu'un d'autre ne m'enchante pas non plus. Alors, à défaut de la Savoie, je préfère rester chez moi. Une chose est sûre, ma destinée n'est pas d'ouvrir mes cadeaux avec Benjamin Recoli, mon binôme de terminale B. Au pire du pire, si la solitude me pèse trop, j'accepterai l'invitation de Jacqueline qui organise au refuge le « réveillon des animaux ». Dans le fond, c'est peut-être ça qu'il me faut : des bénévoles, un repas sans chichis et des chats dépités de porter des bonnets rouge et blanc.

De retour chez moi, je constate que les filles se sont encore lâchées sur le groupe, mais qu'Alexandre n'a rien répondu. Même pas un pouce levé. Il ne va pas me faire croire qu'il n'a pas regardé son téléphone de la soirée ou qu'il a dépassé son quota !

J'ai la flemme de leur raconter ce nouvel échec et ce rebondissement sur lequel Fanny va se jeter, tel un guépard sur sa proie.

Les filles et l'intestin de Marguerite m'excuseront, mais il faudra patienter jusqu'à demain.

29

Ouvrez les guillemets

Mercredi 7 décembre

Je ne suis pas du matin. Je ne l'ai jamais été. Et pourtant, il est 8 heures et je suis déjà au bureau en ce mercredi matin. L'open space est désert et plongé dans le noir. J'ai seulement allumé ma lampe chinée dans une brocante et offerte par Maxime dix jours à peine avant de me larguer. En y repensant, il avait passé plus de trente minutes à la négocier alors qu'elle coûtait 5 euros…

Quel con !

Je suis venue tôt, car j'ai beaucoup de boulot avant le départ pour Strasbourg demain. Et je ne veux rien bâcler. Conscience professionnelle oblige, mais pas que. Ce midi, je retrouve Emma, Fanny et Alexandre pour découvrir le plan de Rose, et j'ai anticipé que ma pause-déjeuner risquait de pas mal déborder.

Rose est déjà à table lorsque j'arrive à midi moins deux au *Marly*, le restaurant qu'elle a choisi. « Je suis jeune dans ma tête mais je déjeune comme les vieux », avait-elle plaisanté au moment de nous confirmer le lieu et l'horaire du rendez-vous.

Elle est, comme toujours, superbe dans une blouse en soie bleue, et son brushing est parfait, malgré un taux d'humidité à quatre-vingt-dix pour cent. Je ne sais pas comment elle fait !

Emma et Fanny nous rejoignent peu de temps après, et Rose offre sa première tournée de mimosas.

Oh oui, je ne suis pas près de retourner bosser.

Dix minutes plus tard, Alexandre passe la porte, et je remarque qu'il a l'air préoccupé.

— Désolé, j'ai fait au plus vite, mais c'était vraiment bouché, nous lance-t-il en enlevant sa veste et en posant au sol un casque de moto.

— Je n'aime pas que tu te déplaces avec cet engin. Surtout par ce temps et ce froid, rouspète Rose avant de déclencher officiellement les hostilités. Et tu sembles fatigué, mon chéri. La nuit a été courte ? Tu veux un café ? Je crois que tu es occupé ce soir en plus, non ?

Évidemment, Rose n'a pas oublié.

— Non, grand-mère, j'ai juste mal dormi, souffle Alexandre tout en passant sa main dans ses cheveux ébouriffés. Et j'ai quelques galères au boulot.

Je me rends compte que je ne sais même pas ce qu'il fait. Mais, au lieu de demander, je lui propose un mimosa.

— C'est gentil, Manon, je vais prendre un Coca. Je ne t'ai pas tenue au courant pour James, mais j'ai des nouvelles infos.

En entendant ces mots, Fanny, Emma et Rose jubilent bruyamment, et tout le restaurant nous regarde. Enfin, les trois tables occupées. L'avantage de venir tôt !

— Ton ennemi juré n'a pas vu Noémie, commence-t-il. De ce que j'ai compris, ils couchent ensemble de temps en temps, mais c'est tout. J'ai essayé de le lancer sur ce sujet en lui disant que je voyais une fille ce soir... Sans commentaires, grand-mère, insiste-t-il en la regardant droit dans les yeux. Et il m'a avoué que lui était célibataire. Puis il m'a lâché, attention j'ouvre les guillemets : « Mais, dans les prochains jours, les choses vont peut-être changer. »

Les filles se mettent une nouvelle fois à hurler. Et le restaurant – cinq tables désormais – nous juge encore. Fanny bombarde Alexandre de questions, Emma veut qu'il imite le ton exact de James, et Rose résume à sa manière la situation :

— Manon, Manon, ma chérie, il va y avoir de l'action !

— Il va neiger. Et en plus, tu vas coucher avec James Mercier ! surenchérit Fanny, comme si c'était le projet de toute notre vie.

Alors que non, on aime juste le détester, même si oui, il est très beau, extrêmement musclé et… apparemment moins méchant que je ne pensais.

— Au fait, Alexandre, James est vraiment bien foutu ? Tu l'as vu torse nu ? Intégralement nu ??

On n'arrête plus celle que je pensais être, jusqu'à 12 h 18, ma meilleure amie !

— Ah non, Fanny, non, désolé ! Ce n'était pas dans le contrat… ça, lui répond-il, certainement consterné.

Sans surprise, Rose et Fanny sont euphoriques. Emma, elle, est plus mesurée. C'est sa personnalité, et je sais qu'elle ne veut pas que je me prenne un râteau. C'est elle qui a assuré le SAV quand Maxime m'a larguée ! Trois semaines passées sur mon canapé particulièrement raide à m'entendre me lamenter et à… se péter le dos. Sans le vouloir, je lance un regard au petit-fils de Rose qui veut dire : « Tu y crois, toi ? » Et, étonnamment, il le déchiffre parfaitement.

— J'ai essayé d'en savoir plus, mais il n'a rien lâché, Manon. C'est tout ce que je sais. Et sinon, c'était comment avec Benjamin ?

C'est gentil de poser la question.

Nos entrées servies, je raconte mes retrouvailles avec mon binôme de lycée tout juste plaqué par sa fiancée. Je termine par le « mensonge » de Mathias donnant comme prévu une nouvelle lueur d'espoir à Fanny.

— Qu'est-ce que je vous ai toujours dit ?! Mathias veut plus ! Quelle héroïne tu fais ! Coucher avec James Mercier et te marier avec Mathias, ton meilleur ami, ça serait une sacrée fin. C'est quand même bête qu'Alexandre ne veuille pas jouer ton faux petit ami pour compléter.

Elle n'est officiellement plus ma meilleure amie.

— Mais n'importe quoi, l'autre jour encore, il m'a invitée à l'anniversaire surprise de Marie en janvier ! Et il a annulé notre traditionnel karaoké du nouvel an, après m'avoir déjà fait faux bond pour celui de Noël. Ça commence à faire beaucoup !

Nos visages se tournent vers notre complice masculin, qui aimerait, semble-t-il, manger sa salade montagnarde en paix.

— Ce n'est pas parce que je suis un mec que je sais ce qu'il se passe dans la tête de Mathias, James ou je ne sais qui, croit-il important de préciser. Mais il faut en parler avec lui, Manon. Et sinon le karaoké, c'est une passion ?! C'est pour ça que ton chat s'appelle Macumba ?

Il fallait qu'on tombe sur un homme clairvoyant, réfléchi.

Et qui retient ce qu'on lui dit.

— Alexandre a raison, ajoute Emma. Et même si je suis pour que tu fasses des folies de ton corps à Strasbourg, il faut penser long terme, n'oublie pas.

J'acquiesce avant de me lancer dans une explication foireuse dont j'ai le secret. Et que personne ne m'a demandée.

— Non, Macumba, c'est le nom qu'il avait quand je l'ai adopté. On m'a bien expliqué que je pouvais en changer, mais j'ai eu peur de le perturber. Quitter le refuge, c'était un gros bouleversement pour lui. Alors le priver de son identité… Mais, en réalité, il déteste quand je l'appelle Macumba. Je le vois dans son regard mi-blasé, mi-humilié. C'est comme s'il me disait : « Humaine, si tu ne comptais pas changer mon nom, il ne fallait pas m'adopter. Tu devrais te douter qu'il n'y avait qu'une personne mal intentionnée pour choisir Macumba. » Alors, le plus souvent, je l'appelle « Chat ».

Enchaîne, Manon, enchaîne.

— Enfin, je parle, je parle… Rose, dévoilez-nous plutôt votre grand projet, conclus-je laborieusement.

Je me tourne vers mon amie et lui lance un sourire crispé qui veut dire : « Aidez-moi, s'il vous plaît. » Et j'évite le regard d'Alexandre, à qui était pourtant adressé mon monologue inintéressant durant lequel j'ai donc fait parler mon chat.

Avec une petite voix.

— Les filles, Alexandre, débute-t-elle solennellement, vous connaissez mon goût pour le romanesque et les grandes déclarations, n'est-ce pas ? Bon, eh bien, j'ai commencé à écrire une lettre à Lucien. Une lettre dans laquelle je vais glisser une photo de nous, enfants, et je lui donnerai rendez-vous à un endroit qui nous est cher à tous les deux. S'il vient, je saurai que lui aussi m'a aimée.

Rose a besoin d'être fixée rapidement. Mais c'est Rose. Alors elle ne peut pas se contenter d'attendre Lucien en bas de chez lui pour lui demander si oui ou non il l'aime alors qu'il revient du marché. Elle n'a pas révélé l'adresse du lieu de rendez-vous et, certainement par pudeur, aucun d'entre nous n'a osé lui poser la question. S'il sait où la rejoindre, c'est qu'il l'a aimée. Tout simplement. Efficace et beau, comme dans les romans.

— Alexandre, tu déposeras la lettre et tu m'accompagneras le jour J. Comme ça, si Lucien me pose un lapin, tu seras là et tout ira bien.

Je sens que Rose a peur. La mamie sûre d'elle de soixante-quinze ans a laissé place à l'adolescente amoureuse de dix-sept ans.

— Je suis persuadée qu'il va venir, c'est écrit, dis-je en serrant ma main contre la sienne.

— C'est évident, poursuit Emma. Vous êtes notre star, Rose. Et Lucien, l'heureux élu.

À ce moment précis, mon regard croise encore celui d'Alexandre. Lui aussi est inquiet. Il redoute que le cœur de sa grand-mère ne se brise. Littéralement. Il n'y a pas d'âge pour les chagrins d'amour, après tout.

— Mais oui, les filles ont raison, la rassure-t-il. Et sinon, tu tenteras quelque chose avec Maurice. Un type qui porte des slips fluo, c'est forcément un bon parti et ça ne court pas les rues !

Rose se met à rire, les filles aussi, et la conversation dévie sur le seul homme de notre cours d'aquagym et sur ses maillots riquiqui. Fanny enchaîne avec des idées « brillantes » pour Strasbourg, avant d'insister encore et toujours pour savoir si je compte m'épiler. Et pile au moment où le serveur m'a tendu mon tiramisu. Preuve que ce dessert est officiellement maudit. C'est une obsession, comme les points d'exclamation. D'autant que je ne suis pas particulièrement poilue.

Vers 14 h 30, on s'apprête à se quitter et, comme souvent, j'ai beaucoup trop mangé. Emma et Rose sont aux toilettes, Fanny est partie payer. Seule avec Alexandre, je cherche mon portefeuille quand il me dit :

— Manon, je voulais te parler…

Merde, il se doute que sa grand-mère m'a sommée d'enquêter !

— … Je sais que tu as plein de choses en tête en ce moment, mais j'aurais un gros service à te demander.

30

Incognito au *Balto*

Je n'arrive pas à me concentrer.

Je suis de retour au bureau depuis quarante-cinq minutes et je ne fais que penser à ce dont Alexandre souhaite me parler. J'enchaîne les suppositions, tout en gribouillant de l'art abstrait sur un cahier. Je lui ai demandé de m'en dire plus au restaurant, mais il m'a répondu qu'il préférait m'expliquer « en privé », et depuis j'imagine le pire.

En haut de ma liste, la possibilité qu'il veuille saboter les retrouvailles de Rose et Lucien ou, pire, qu'il faille kidnapper ce dernier. On doit se retrouver une fois que j'aurai fini le boulot au *Balto*, à cinq minutes de l'agence…

20 h 18. Assise sur une banquette bordeaux à moitié déchirée, je respire l'odeur infecte du tabac froid en regardant la vie des autres défiler sur Instagram quand Alexandre entre dans le bar. Il me rejoint, et je me surprends à penser que le petit-fils de Rose a l'air d'être à contre-courant. Souvent.

— Désolé, tu vas croire que je suis toujours en retard, s'excuse-t-il en se recoiffant rapidement comme ce midi au restaurant.

C'est un fait : il a de beaux cheveux. Je ne sais pas pourquoi je me focalise là-dessus. Et encore moins pourquoi je lâche tout haut :

— Ce n'est pas pénible le casque pour se coiffer ?

Il m'a regardée :

1. choqué par la futilité du sujet ;

2. confus comme si on lui parlait de ses cheveux pour la première fois ;

3. dérouté que je réponde totalement à côté.

— Oublie ce que je viens de dire, me reprends-je. Pas de souci, je viens d'arriver et je suis souvent en retard aussi. Bon, qu'est-ce que tu voulais me demander ? Je te préviens, je ne me sens pas de séquestrer Lucien ou je ne sais quoi.

J'aurais dû rester sur ses cheveux. Ou ses mains. Ou sur l'horrible statue du Père Noël en cire à l'entrée. Ça aurait été moins gênant. Alexandre esquisse un sourire tout en fronçant les sourcils. Je ne savais pas qu'on pouvait faire les deux en même temps. Mais je me tais.

— Où est-ce que tu es allée chercher ça ? Dans un film encore ? s'étonne-t-il. Kidnapper Lucien ? Comment ? Et pourquoi ?

Je suis soulagée.

Je m'apprête à me justifier quand le serveur s'approche de nous. Alexandre commande un Coca en passant une nouvelle fois sa main dans les cheveux. Il faut qu'il arrête de faire ça. Et que j'arrête de le regarder.

— Je te rassure, il n'y a rien d'illégal ou de dangereux, mais c'est un peu honteux, continue-t-il.

— Tu enquêtes sur James afin que je puisse peut-être coucher avec lui, je pense que tu peux y aller ! lui réponds-je, impatiente d'être fixée.

— C'est par rapport à mon boulot. Je suis avocat, je ne sais pas si ma grand-mère t'a dit…

Non.

Il faut que j'arrête de me gaver de cacahouètes, mais quand je suis stressée, je dois manger.

— … Je bosse pour un gros cabinet où tout est politique. Ce n'est pas le job parfait, mais j'y fais mon réseau encore deux ou trois ans et, après, je partirai pour quelque chose de plus noble et gratifiant, dirons-nous. Bref, tout ça pour dire qu'une grosse soirée de Noël est organisée la semaine prochaine, et…

Il n'est plus qu'à deux phrases de me révéler sa demande, mais sans aucune raison valable, je l'ai coupé.

—Tu es avocat ? Je ne t'ai jamais vu en costume pourtant ! Tu n'en mets pas ?

Alexandre fronce à nouveau les sourcils.

—Si, très souvent, mais pas ce midi, confirme-t-il en rigolant.

—Qu'est-ce qui te fait marrer ? osé-je demander.

—Rien… Juste le fait qu'une minuscule incohérence te chagrine alors que tu adores les comédies romantiques où absolument rien n'est crédible.

—Ah oui, mais ce n'est pas pareil. C'est la vraie vie, là.

—Certes, me lance-t-il, amusé. Si tu veux tout savoir, j'ai télétravaillé mais sinon, promis, je suis toujours bien habillé.

Je pourrais lui dire que je valide son jean brut et sa chemise en velours vert foncé, mais je me retiens après ma remarque désastreuse sur ses cheveux et, de toute façon, il poursuit :

—Mais oublie la vraie vie, ce que je vais te demander n'arrive qu'à la télé.

Oh, merde.

Doit-il décorer un sapin ? Confectionner des sablés en pain d'épice ? Ou rejouer le porté de *Dirty Dancing* à cette soirée ?

—Bref, tout ça pour dire que ça serait super si tu pouvais m'accompagner jeudi prochain.

Je manque de m'étouffer avec mon Perrier.

—Attends, tu es en train de me dire que tu veux que je me fasse passer pour ta copine ?! Tu as pourtant été très clair samedi sur ta non-intention de former un faux couple avec moi !

À peine ma phrase lâchée, je me rends compte qu'il n'a pas précisé mon rôle. Oh merde, si ça se trouve, il va me demander de jouer sa cousine de passage à Paris.

— Je sais et je me sens bien con. Mais tout le monde sera accompagné. Et jugé. Et c'est un plus d'être casé pour évoluer. Oui, le patriarcat a encore de beaux jours devant lui avec ce genre de boîtes et de soirées, je sais. Mais si tu pouvais m'accorder trois heures de ton temps pour boire du bon champagne dans un lieu guindé et parler à des gens que tu ne reverras jamais, tu me sauverais la vie. Tu n'auras rien à faire si ce n'est être toi-même et… jouer ma copine, oui.

— Et ton rendez-vous de ce soir ? Elle ne peut pas t'aider ?

— Margaux ? Non, finalement elle n'est pas dispo.

— Et la petite-fille de Josette, tu as tenté ?

— Pour que ma grand-mère m'en parle durant les dix prochaines années ? Non, je suis dans la merde, mais pas à ce point.

Ça se tient. Il y a encore deux semaines, je n'aurais jamais accepté mais, comme je suis en roue libre à cause de Fanny, je dis :

— Je veux bien t'accompagner. Mais tu as conscience que je peux sortir une bourde à tout moment ? Tu étais là quand j'ai parlé de mon chat au déjeuner ?

— Oui, comment oublier « Macumba, le chat traumatisé » ! Pardon, je plaisante, tu seras parfaite. Tu es spontanée, sociable, tout le monde va t'adorer. Et tu pourras laisser parler ton imagination si on t'interroge sur… « nous ». Tu as de la matière avec tout ce que tu as vu et lu. Fais-toi plaisir.

Formidable.

Je vais me retrouver à parler de ses cheveux ou de Macumba à des inconnus !

— Si tu le dis… Bon, tu me donneras le dress code, histoire que je n'arrive pas déguisée en lapin sexy comme dans *Bridget Jones*, s'il te plaît.

— Sans faute, me promet Alexandre après avoir éclaté de rire.

Je ne sais plus où me mettre. Heureusement, le serveur débarrasse nos verres et nous propose d'apporter la carte pour dîner. Le petit-fils de Rose décline et demande l'addition.

— Je ne veux pas te retenir plus longtemps. Tu as peut-être ta valise à préparer pour demain.

Je confirme : hormis mon maillot de bain, je ne l'ai pas commencée. Mais voilà que je me remets à paniquer :

— Oui, enfin, ce n'est pas son contenu qui va tout changer. Et je sens qu'il ne va rien se passer…

— Ça dépend… Tu veux qu'il se passe quelque chose ou non ? Oublie les filles, son « profil » d'ennemi juré, ce qu'il m'a dit… C'est à toi de décider comment ça va évoluer.

Et un peu à James, aussi, non ?

Je repense aux fossettes de mon collègue et à nos dernières discussions. À cette façon qu'il a de me regarder qui me donne autant envie de lui mettre une claque que de lui sauter dessus.

— Oui, oui, certainement.

— Alors ne te prends pas la tête et tu verras, conclut Alexandre avant de régler.

Et de laisser un pourboire dans le pot prévu à cet effet ; un vieux gobelet de mauvais goût à l'effigie d'une Mère Noël dénudée.

Heureusement, je me retiens encore d'en parler.

Il propose de me déposer, mais je n'habite pas loin. Et, dans tous les cas, c'est hors de question que je monte sur une moto. Ma mère me l'a interdit, et je lui ai promis.

— Merci encore de m'aider, Manon. Vraiment.

— Pas de souci…

Et là, alors que j'allais faire une bonne sortie, j'ai encore dit une connerie.

— … et, pour info, je n'ai pas de costume de lapin.

Catastrophique.

Mais bizarrement, sur le chemin pour rentrer à la maison, je ne ressasse pas ma connerie. Non, je me pose une question.

Qui est Margaux ?

31

Comme dans un film

Jeudi 8 décembre

Ma vie est officiellement une comédie romantique. D'habitude, quand je prends le train, je suis toujours dans la dernière voiture à l'autre bout du quai. Un kilomètre et douze minutes plus tard, j'arrive à ma place et je découvre qu'elle est... occupée, généralement par une personne d'un certain âge qui me certifie qu'il s'agit de la voiture 2. Alors que pas du tout. C'est la voiture 20, c'est écrit sur mon écran. Parce que, contrairement à elle – qui a pourtant imprimé son billet en taille x 20 –, j'ai vérifié.

Mais aujourd'hui, rien de tout ça ne s'est produit. Ce jeudi matin, j'ai pris le train... autrement. Ça pourrait être un bon slogan pour la SNCF mais, comme je ne travaille pas pour eux, ils n'en sauront rien. Une fois arrivée gare de l'Est, j'ai été surprise de constater que ma place et James m'attendaient sagement en voiture 1. Mon ennemi juré m'a proposé de m'aider avec mon sac, et c'est là que je les ai vus : ses abdos saillants et bronzés. Comme dans les films, son tee-shirt s'est soulevé, et j'ai pensé très fort : *Ah ouais, donc en fait, le sport, ça paie.* Puis je me suis assise tranquillement, sans avoir à négocier. Car oui, deuxième miracle, aucun intrus n'est à signaler. Le train est bondé, l'atmosphère est bruyante et exaltée à l'approche des fêtes de fin d'année – et pourtant, le calme règne autour de James Mercier.

— Tu veux un croissant, Manon ? me sourit-il en sortant un sachet de son sac à dos.

Ses fossettes sont du voyage. Alors, pour ne pas sourire niaisement, je fais travailler mon cerveau qui se demande comment on peut manger autant de viennoiseries et avoir de tels abdos.

— Merci, mais j'ai déjà petit-déjeuné. J'espère que tu as aussi prévu les pains au chocolat et tout un tas de petites attentions pour notre cliente !

— Non, pour elle, je compte sortir le grand jeu ! Si tu savais, Manon…, me répond-il ironiquement.

Je ne sais toujours pas si j'aime ou si je déteste le fait qu'il répète autant mon prénom.

— Hâte de voir ça, poursuis-je, moqueuse. James Mercier en action, je devrais pouvoir en tirer quelques leçons. Enfin, ça ne sera pas un baptême du feu, j'étais là quand Odile a succombé.

Il se met à rire.

Quoi qu'il se passe entre nous, une chose est sûre : en joutes verbales, on est plutôt bons !

— Parce que tu penses que je vais te révéler mes techniques secrètes en matière de séduction ?

— Parce qu'elles sont si subtiles que ça ?! Tu te surestimes, non ?! Ça va être quoi ? Quelques regards mystérieux, des compliments mielleux et faux, sans oublier un enchaînement de mains dans les cheveux…

— OK, je vois… La vision que tu as de moi est encore pire que ce que j'imaginais, me lance-t-il, faussement outré.

Environ quarante-cinq minutes plus tard, ma vessie me ramène à la réalité et, malheureusement, les toilettes du train sont toujours aussi dégueues. Qui est l'ingénieur qui a pensé ces machins étroits et tarabiscotés ? Et je ne parle même pas du loquet immonde qu'on doit toucher après s'être lavé les mains en galérant.

De retour à ma place, James m'informe que mon téléphone, que j'avais laissé sur mon siège, a vibré plusieurs fois. Pas de panique, j'avais pensé à rebaptiser le groupe WhatsApp « Un mec pour Manon à Noël 🎄 » en « Prépa vacances à Ibiza ⛱ », et « James Mercier infiltration 🔎👩 » s'est transformé en « Anniversaire surprise d'Alex 🎈 ». Voyons le positif : si je finis seule, j'aurai au moins développé ma créativité.

Aucune humiliation devant Monsieur cheveux parfaits donc. Au contraire : la magie a encore opéré. En allumant mon écran, je découvre trois notifications Instagram de Mathias, deux messages WhatsApp de Benjamin et un SMS de Georges et un autre de Naël. Je ne sais pas si Dieu existe mais là, tout de suite, maintenant, je le remercie. Quelle stratégie adopter ? Jouer l'indifférence et lancer nonchalamment que ce n'est rien d'important ? Feindre l'enthousiasme pour essayer de le rendre jaloux ? Je pèse le pour et le contre lorsque James me sort de mes pensées :

— Je me demandais, tu as combien de frères, Manon ?

Aucun doute, il a regardé.

Comme dans un film, je ne cesse de le répéter.

— Aucun, pourquoi ? Ça te surprend de voir des prénoms masculins s'afficher sur mon écran ? Ah oui, c'est vrai, tu m'imaginais plutôt vieille fille avec des chats.

Si James savait qui se cache réellement derrière ces notifications et ces prénoms… Commençons par Georges, qui n'est autre que mon voisin de palier, fringant retraité de soixante-dix-sept ans et cat-sitter attitré du chat depuis que j'ai emménagé. À vrai dire, il lui arrive aussi très souvent de passer le voir alors que je suis là. Mais bon, Georges est seul et il adore ce chat. Je ne préfère pas ouvrir tout de suite son message, certainement une photo de Macumba en train de manger ces fameuses friandises auxquelles il n'a pas le droit. Habituellement.

Naël, quant à lui, est stagiaire chez Premium Croquettes et il me relance probablement pour savoir si je viendrai ou non à leur soirée de fin d'année. Et si mon + 1 sera un chien. Sans surprise, Mathias, lui, a senti que je cachais quelque chose depuis le dîner avec Benjamin. Quand il m'a demandé comment ça s'était passé, j'ai répondu brièvement et à côté. Et depuis, il me supplie de cracher le morceau. De son côté, Benjamin m'a envoyé les coordonnées d'une « spécialiste en gériatrie » pour Marguerite, la constipation chez les personnes âgées étant à « prendre très au sérieux ».

— Je sais que tu en as un, j'ai vu sa photo sur ton bureau…

Merde. Il l'a vue.

— Mais tu sais, ta vie sentimentale ne m'intéresse pas vraiment, Manon, a-t-il ajouté, avant de porter le coup de grâce : Et je me doute bien qu'à l'aquagym tu dois avoir du succès auprès des petits vieux.

Très drôle.

Son téléphone vibre à son tour.

— Ta sœur ? Ou Noémie qui n'est pas ta petite amie ? dis-je sans même brainstormer avec moi-même.

— Je suis fils unique ! proteste-t-il. Et non, pas de Noémie, c'est le mec du sport.

Il ne ment pas. Il me montre son écran où « Alexandre du sport » est écrit noir sur blanc. Donc ils se parlent réellement ?! Je dois changer de sujet, mais rien ne me vient à part :

— Ah oui ? Il te dit quoi ?

Tout ce qu'il ne fallait pas.

James a tout de même consacré cinq bonnes minutes à celui pour qui je vais jouer la fausse petite amie jeudi prochain. Un monologue qu'il a conclu par un – je cite – « C'est vraiment un chouette type, enfin tu vois ». J'ai bien envie de lui répondre que oui, je vois, car sa grand-mère ne cesse de nous le répéter, mais je tente quelque chose pour le provoquer, pour assouvir ma curiosité, et aussi parce que j'ai promis à Rose d'enquêter…

— Il faut que tu me le présentes alors si c'est un mec bien.

— Désolé, mais je crois qu'il voit quelqu'un…

La fameuse Margaux ?!

— Contrairement à moi.

Trois petits mots que l'on peut objectivement qualifier de « perche tendue », non ? Si seulement Joseph, onze ans et demi, pouvait baisser le son de sa Switch derrière moi, je ne suis pas sûre d'avoir bien entendu !

Non, mais si, il a forcément dit ça.

Mais je laisse passer quelques secondes malheureuses.

C'est gênant si je lui demande maintenant ?

32

Chloé

Lorsque Chloé Maignot ouvre la porte de son atelier à James, un immense sourire se dessine sur son visage refait, selon moi, à quatre-vingts pour cent. Je ne la juge pas, je signale juste que ce geste lui a demandé un effort, mais qu'elle n'a pas pu s'en empêcher ; preuve qu'elle trépignait d'impatience à l'idée de passer la journée avec celui « qui ne voit pas quelqu'un ». Et après ? J'imagine qu'elle lui aurait bien sauté dessus, mais elle remarque ma présence et déchante.

— Ah, vous êtes venue aussi, vous ?! me lance-t-elle sans même tenter de masquer sa déception, avec le peu d'expression qu'il lui reste. Bon, ben, dans ce cas, entrez, Marion…

Je ne l'avouerai jamais à Fanny mais, au lieu de lui rappeler mon véritable prénom, j'ai juste dit « merci ». Mais ce n'est pas comme si je pensais être douée en repartie.

Je ne suis pas vraiment étonnée de cet accueil. J'ai rapidement compris le « projet » de Chloé. Lors de notre rendez-vous de présentation en visio, la quadragénaire, fraîchement divorcée d'après son compte Facebook, arborait une tenue parfaite pour descendre les poubelles (au mieux !) et semblait fatiguée. Et elle s'en est voulu. Beaucoup. Alors, pour se rattraper, elle a sorti le grand jeu à chacune de nos courtes réunions. Tenues de créateurs, bijoux et brushing impeccable… Elle aurait pu monter les marches du Festival de Cannes à tout moment derrière son écran ! Je ne serais pas surprise non plus qu'elle ait créé sur son ordinateur un dossier intitulé « James captures d'écran »... Enfin plutôt un dossier « Compta 2020 – À jeter » pour éviter tout soupçon.

Mais je ne peux pas la blâmer.

Une fois à l'intérieur de sa boutique, j'ai continué sur ma lancée hypocrite en osant un : « Chloé, quelle déco, bravo ! C'est superbe. » Alors que pas du tout. Non, c'est à l'image de ses robes : moche, froid et de mauvais goût. Elle a opté pour du marbre blanc du sol au plafond ; il y a des statuts d'anges qui se demandent ce qu'ils font là un peu partout ; et je ne parle même pas des fleurs artificielles multicolores et des pots-pourris senteur fraise Tagada qui embaument le tout. Et cerise sur le gâteau : aucune décoration de Noël à l'horizon.

Par curiosité, je m'apprête à lui demander pourquoi, mais elle me devance. Et lance, toujours agacée par ma présence :

— Marc ne m'avait pas dit que vous veniez tous les deux !

Et pas d'esprit de Noël.

Chloé prend James sous le bras pour lui faire visiter, et je marche derrière eux, telle la pote célibataire partie en vacances avec un couple d'amoureux. Mon binôme me jette un regard qui veut dire : « Désolé ! Je crois que je lui plais. Et en plus, je n'ai rien fait. »

Je soupire avant de continuer à critiquer intérieurement les lieux.

Enfin, nous découvrons la pièce maîtresse : son bureau personnel où elle laisse « la magie opérer », certainement shootée à l'odeur de fraise Tagada périmée. Au mur : des photos de ses anciennes collections et une série de portraits de notre hôte à moitié dénudée en noir et blanc. Pourquoi ? Heureusement, je me retiens de demander, et Chloé, fière, nous dévoile ses pièces préférées ; soit une bonne cinquantaine de prototypes entassés dans près de 10 m^2. Je me sens obligée de commenter :

— Quelle chance de pouvoir voir ces merveilles en vrai, Chloé ! Je dois reconnaître qu'on rêverait de les porter.

— Ça ne m'étonne pas que mes créations vous fassent rêver, Ninon. Je me doute que vous n'êtes pas près de vous marier ! Mais comme j'ai un grand cœur, ne vous inquiétez pas, vous pourrez en essayer deux ou trois. Ça sera un peu Noël avant l'heure comme ça.

C'est formidable. Sans talent et odieuse.

— Merci beaucoup, réponds-je, toujours aussi faux-cul. C'est adorable, mais je ne pense pas qu'on aura le temps.

En réalité, notre train part à 16 heures demain – le marché de Noël est grand, et j'ai trois boutiques de kouglof à visiter pour Sylviane ! –, mais hors de question de lui dire la vérité.

Bilan : deux heures plus tard, nous avons très bien avancé et Chloé est fan de « toutes les idées » de James. Ce sont « nos » idées, mais comme elle n'a toujours pas assimilé mon prénom, il ne me semble pas utile de rectifier.

— Talentueux, beau, drôle et gentil, ce garçon a-t-il un défaut ? me lance-t-elle, avec son sourire aux trois quarts figé.

— Ouh là, oui, plein, si vous saviez, Chloé…, ne puis-je m'empêcher de rétorquer.

Mais cela ne la refroidit pas. Au contraire.

— Tant mieux, les gens trop lisses, je déteste ça, déclare-t-elle en me dévisageant.

Assez ironique de la part de quelqu'un qui n'a plus qu'une palette de deux expressions à sa disposition.

Voyons le positif, la mission est remplie. James n'a même pas eu besoin d'enchaîner les regards mielleux ni de passer sa main dans les cheveux pour convaincre la créatrice de valider nos idées, qui étaient très bonnes, soit dit en passant. Mais conséquence de cette efficacité : je me retrouve à défiler dans une robe meringue beaucoup trop serrée.

— Bon, Chloé, je crois que Manon va avoir le temps d'essayer une ou deux robes, non ? a osé déclarer mon ennemi juré. Comme vous l'avez dit, elle n'est pas près de se marier, et je crois savoir que Noël est sa fête préférée.

Je le déteste. Toujours. Et non, je n'ai pas envie de coucher avec lui. Ou un peu ? Beaucoup ? Je ne sais plus.

Je peste dans la cabine, sans chauffage, où je me déshabille. D'autant que je n'ai pas pu sélectionner la robe de mon choix. Non, la créatrice a choisi selon ma morphologie « sans intérêt ».

Sans talent. Odieuse. Et cruelle.

Et comme il y a toujours pire, au moment où je suis apparue, elle s'est exclamée :

— C'est vrai que je suis douée ! J'arrive à rendre sexy n'importe qui ! N'est-ce pas, James Mercier ?

Une remarque que mes chiens ne se seraient JAMAIS permis de formuler !

Je veux l'étriper et n'ai aucune envie d'entendre le commentaire de James, qui doit avoir dans son champ de vision une grosse meringue ratée ou un « bonhomme de neige trop décolleté ».

— Je vois une femme très belle, en effet…

OK, c'est gentil.

— … C'est fou, Chloé, grâce à vous et votre robe, on ne reconnaît plus Manon !

Le sa***, il a osé.

On peut rire de tout, mais pas avec n'importe qui. Et certainement pas avec une femme qui porte une robe de mariée trop serrée. C'est désabusée que je lui tends mon téléphone pour qu'il me prenne en photo malgré tout. Car Emma, Fanny et Rose doivent voir ça, c'est obligé.

James immortalise ce grand moment, puis il me rend mon iPhone en disant :

— Trois nouveaux messages de Georges. Encore. Je vais finir par être jaloux, *Ninon*.

— Tu peux ! D'autant que j'ai déjà la robe, *Julien* ! Même si je ne suis pas sûre de pouvoir respirer encore bien longtemps… Aide-moi à me libérer de cette atrocité ? lui demandé-je tout bas.

— T'aider ? Moi ? Pour de vrai ? Mais non ? Avec plaisir ! me sourit-il, avant de se tourner vers Chloé. Je crois que Manon aimerait en essayer une autre, qu'est-ce que vous suggérez ?

Je le déteste, lui et ses satanées fossettes. Enfin, je me comprends. J'aime bien le détester, lui et ses satanées fossettes, que je n'ai jamais vues d'aussi près.

Je me surprends à attendre beaucoup des quelques boutons qu'il s'apprête à enlever dans mon dos. Et si le simple fait qu'il pose la main sur mon épaule me faisait frissonner ?

Hélas, je n'en saurai rien, car mon téléphone et celui de James vibrent simultanément.

Marc nous a envoyé un message.

Et la comédie romantique a pris fin.

33

Un cliché devenu réalité

Marc estime donc que James est un objet !

Dans son texto, notre boss nous informe que Chloé Maignot est ravie de notre travail, mais déçue de ma présence. Ce que j'avais bien remarqué. Et il précise :

James, invite-la à dîner afin de pérenniser le contrat, stp. Budget illimité. Quant à toi, Manon, tu as ta soirée.

« Budget illimité » ?? Ça se voit que Marc ne négocie pas avec Sylviane et qu'il ne rentre pas lui-même ses notes de frais dans le logiciel de la compta.

Je n'en reviens pas.

James n'a pas signé pour ça ! Ou du moins pas avec Chloé Maignot et son visage à quatre-vingts pour cent refait. Et *oui*, c'est un jugement cette fois.

— C'est rien, Manon. Je ne valide pas le procédé plus que toi, mais c'est juste un dîner, me lance James en voyant ma mine agacée alors qu'on sort du rendez-vous.

Après avoir lu le message de Marc, j'ai retiré la robe de mariée toute seule et j'ai arrêté les frais. Cette personne odieuse ne veut pas de moi, je ne vais pas lui faire le plaisir de m'humilier.

— Je sais, mais ça m'énerve pour toi.

Et accessoirement pour moi et ce qui était potentiellement prévu ! Oui, j'étais curieuse de voir ce que ce dîner avec James

Mercier allait me réserver. Et oui, j'avais envisagé une intrigue avec de la neige, du chocolat chaud et des bretzels, puis un dénouement avec ses fossettes et ses abdos.

Je me console en découvrant Strasbourg, ses rues pavées et ses maisons à colombages. Je me croirais… dans ma télé ! Toutes les façades sont décorées et illuminées. C'est magique, il n'y a pas d'autre mot. Je lève les yeux au ciel pour admirer les rubans, les nounours, les boules à neige et autres cadeaux.

De la buée sort de ma bouche, mais je n'ai pas froid. Je suis bien au chaud dans ma parka, et mon foulard en cachemire me protège du vent. J'ai envie de m'arrêter devant chaque vitrine pour prendre des photos ou parfaire ma liste de cadeaux, mais James marche d'un pas décidé, et je sais que j'aurai toute la soirée pour en profiter en solo. Nous arrivons près du fameux marché. La musique se fait plus forte et les odeurs de crêpes, de chocolat et de cannelle, plus intenses.

Et forcément, je recommence. Je me mets encore à imaginer y rencontrer un bel inconnu au hasard d'un chalet.

Nous arrivons à l'hôtel qui est – et c'est rare – exactement comme sur les photos. Le lobby chaleureux sent bon la bougie parfumée à la fleur de coton, le feu crépite dans la très moderne cheminée, et le sapin, immense, est décoré avec soin. Du rouge, du vert, de l'authentique… Un vrai décor de comédies romantiques, même si la nuit torride imaginée par Rose et Fanny est loin de se profiler ! Je donne nos noms à l'accueil et j'attends de voir si la réservation – par chance – aurait mal été effectuée. Je suis prête à entendre qu'une seule chambre a été réservée.

Et je ne blâmerai pas Sylviane !

Mais non.

Nous avons beau être en pleine saison, nous avons réussi à booker les deux dernières chambres disponibles, m'affirme la réceptionniste en me tendant nos deux clés… Je me sens con.

Je souhaite « bon courage » à James pour le restaurant avant de regagner ma chambre qui n'est – je ris – ni à côté ni au même étage que la sienne.

— Je te tiens au courant, peut-être qu'on pourra au moins aller boire un verre après, me dit-il en appelant l'ascenseur opposé au mien.

Mouais.

Avachie sur mon grand lit et dépitée d'avoir cru, une nouvelle fois, que la fiction pouvait devenir réalité, je raconte tout aux filles. Leurs réponses arrivent presque instantanément, et je comprends qu'elles attendent des infos depuis des heures en rafraîchissant leur écran.

Rose : Ma chérie, ce n'est que partie (de jambes en l'air) remise, je suis sûre.

Fanny : J'adore, Rose !! Mais oui, Manon ! Si ça doit se faire, ça va se faire !!!!

Emma : James aurait dû refuser. Quel est ton programme du coup ?

Fanny : Manontentelesapplis2023! ☺

Ah non. Tout, mais pas ça.

Ce que Fanny vient de m'envoyer, c'est le mot de passe du compte Tinder qu'on a créé après ma rupture avec Maxime, et qui n'a pas été utilisé depuis huit mois.

J'ai essayé, j'ai détesté, j'ai arrêté.

Manon : Hors de question ! Je vais aller me balader. Il y a des milliers de personnes dehors, des vraies, je vais peut-être trouver la bonne, qui sait !

Fanny : Une petite géolocalisation n'a jamais tué personne, ma poulette…

Fanny m'épuise !

Emma : Et il neige alors comme prévu ???

Emma me sauve.

Je regarde par la fenêtre. Aucune neige, mais un petit crachin qui semble s'intensifier.

Ah non, pas ça !

J'ouvre mon appli météo qui m'annonce « fortes pluies » toute la soirée.

Mais pourquoi ?

Pour que les cheveux de Chloé Maignot frisottent comme un mouton ?! Je ne vois que cette explication.

Manon : Non, pluie 😿 Tant pis, je vais profiter de ma chambre et du spa ☺

Je mets mon maillot de bain une pièce noir assez décolleté – mais qu'est-ce que j'espérais ? – et je m'emmitoufle dans le peignoir tout doux qui m'attendait dans la salle de bains. La piscine intérieure est presque déserte. Je m'allonge sur un transat et j'écris à Georges pour lui demander d'y aller mollo sur les friandises. Non parce que ce n'est pas lui qui se fait engueuler chez le véto ! Je décide ensuite de nager pour me vider la tête. Un échec. Alors je file au sauna pour éliminer un peu ma peau d'orange. Ça sera toujours ça de pris.

Enfin, de perdu.

Je remonte ensuite dans ma chambre prendre un bon bain chaud, et il est presque 21 h 10 lorsque j'en émerge enfin. Je regarde par la fenêtre – les lumières de Noël illuminent la rue, mais il pleut encore beaucoup. Je n'ai aucune envie de ressortir. L'homme de ma vie n'est pas en train de manger une choucroute quelques mètres plus loin. Aucune histoire n'a commencé par : « Elle était trempée, il avait un parapluie… » Je commanderai au room service une assiette de pâtes ou un club sandwich facturé 28 euros, et ça sera très bien. Je me love dans le deuxième peignoir mis à disposition dans la chambre, reprends mon téléphone, mais toujours rien. Si ce n'est un message de Mathias. Forcément.

Mathias : Ma Manon, dis-moi ce qu'il y a, stp. C'est James ? Depuis quand on ne se dit pas tout ?

Il est sérieux ?

Il pleut, je ne dîne pas avec James, et Georges m'a lâché un « vu », alors autant régler ce point maintenant.

Manon : Depuis le jour où tu as omis de me dire que tu avais interdit à Benjamin de sortir avec moi, non ?

Sans surprise, mon meilleur ami m'appelle immédiatement.

— Je comprends que tu m'en veuilles, Manon, j'ai déconné à l'époque, mais même si je ne lui avais rien dit, je peux t'assurer que tu ne serais pas avec lui aujourd'hui.

— Non, évidemment que non, mais qu'est-ce qui t'a pris de faire ça honnêtement !?

— Je ne sais pas… On avait dix-sept ans, et je n'étais pas très malin. Quand il est venu me voir, ça a réveillé un truc en moi, et j'ai paniqué. Mais je n'avais pas le droit, c'était débile et nul. Et j'aurais dû t'en parler, je sais. Mais c'était la seule fois, promis !

Je n'en reviens pas qu'après vingt-deux ans d'amitié on ait une telle conversation. Je m'apprête à demander ce qui a été « réveillé » en lui quand je reçois un double appel. James se serait-il déjà débarrassé de Chloé ? Absolument pas. Le prénom « Alexandre » est affiché sur mon écran.

Merde.

Faites qu'il ne soit rien arrivé à Rose.

— Mathias, je te rappelle, j'ai une urgence. On reprendra là où on en était. Je n'oublie pas et je suis fâchée ! Je t'aime, je te rappelle.

Je décroche et demande si Rose va bien.

— Oui, oui, elle va bien, et toi ? me rassure Alexandre. Ça va ? Je ne te dérange pas ?

Si seulement.

— ... Merde, je suis con, le dîner avec James, c'est ce soir, non ? Tu ne peux pas parler ?! Si c'est le cas, cite-moi la couleur de ton maillot de Maurice préféré.

Je ris.

— Orange ! Mais si, je peux parler. Je suis dans ma chambre. Toute seule.

Alexandre n'est pas à jour sur les événements. Comme d'habitude, il n'a pas pris le temps de lire les cent messages qu'on s'envoie quotidiennement, sa grand-mère, les filles et moi. Je lui raconte brièvement le rendez-vous avec Chloé et le fiasco qui a suivi.

— Bon... Dis-toi que James ne doit pas être ravi non plus.

— J'imagine, oui. Enfin... tu m'appelais pour quoi ? Tu t'es rendu compte que j'allais te ridiculiser jeudi prochain ?

— Pas du tout ! Au contraire, tu es très attendue. Tout le monde me harcèle pour avoir des infos ! Non, je viens de quitter ma grand-mère. J'ai réfléchi... Et si Lucien ne venait pas au rendez-vous ? Ou s'il ne lisait pas le courrier ? Tu ne crois pas qu'on devrait aller le voir et tout lui expliquer ? Pour être sûrs ? Quitte à… s'arranger avec la vérité pour qu'elle ne soit pas blessée…

Certainement pas.

— C'est normal que tu veuilles la protéger, mais on ne peut pas trahir ta grand-mère. C'est sa vie, dis-je, sûre de moi. Je vais l'appeler demain et la sonder, ne t'inquiète pas, mais on ne peut pas lui faire ça.

— Vraiment ? S'il ne vient pas, elle ne s'en remettra pas, je crois.

— Je comprends, mais c'est son choix. Et on ne peut pas lui mentir, elle mérite la vérité, affirmé-je, convaincue que Lucien répondra présent.

— Tu dois avoir raison. Bon, le dîner a capoté, mais la journée s'est bien passée au moins ?

— Plutôt oui ! James a même précisé qu'il était disponible contrairement à…

Non, ce n'est pas le moment de lancer ce sujet.

— … un autre mec au boulot. Et il m'a beaucoup parlé de toi.

Alexandre rit, gêné, avant de m'annoncer qu'il est arrivé à l'anniversaire d'un copain et qu'il doit raccrocher. Quinze minutes plus tard, il m'envoie pourtant un texto.

Alexandre : Je comprends mieux pourquoi grand-mère m'a parlé de Tinder tout à l'heure… Et bravo pour l'essayage de robes de mariée, c'est digne des comédies romantiques, ça 😉

Manon : Tu parles, c'était gênant ! Tu sais que j'ai espéré qu'on partage la dernière chambre disponible de l'hôtel avec James aussi… Spoiler : pas du tout !

Je ne sais pas pourquoi je lui raconte ça.

Alexandre : Ha, ha ! J'ai toujours trouvé ce trope ridicule. Ça, et quand le mec sort de la douche au ralenti, sa serviette sur les hanches, et qu'il tombe littéralement sur l'héroïne… trempé ! Il ne sait pas se servir d'une serviette ?!

Alexandre : Désolé, je m'emballe.

J'explose de rire. Il n'a pas tort, mais je ne suis pas d'accord.

Manon : Mais non, on adore cette scène ! D'ailleurs, si on me demande comment on s'est rencontrés, je dirai que tu m'es tombé dessus en sortant de la douche, nu et trempé !

J'ai relu dix fois ce que je viens d'envoyer.
Au secours !
Pourquoi ?
À quel moment mon cerveau a-t-il pu valider ça ?
Et comment efface-t-on un texto ?

Alexandre : Tant qu'on ne s'est pas disputé un sapin de Noël ou que je ne suis pas subjugué par tes peintures moches dignes d'un enfant de quatre ans, tout me va ☺

Encore une fois, j'explose de rire. Avant de m'inquiéter.

Manon : Ne me dis pas que tu n'aimes pas Noël !

Alexandre : J'adore Noël, mais les téléfilms, c'est au-dessus de mes forces.

Je m'apprête à écrire un pavé pour défendre ces chefs-d'œuvre cinématographiques que je n'aimais plus il y a quelques semaines lorsque quelqu'un toque. Je n'ai encore rien commandé, pourtant.

— Qui est-ce ? demandé-je, perplexe.

— Manon, c'est moi, c'est James.

Merde alors !

Je suis en peignoir…

Et James Mercier est derrière ma porte.

34

À quelques imprévus près

— Manon, tout va bien ?

Et mince, je suis partie dans mes pensées, et trois minutes qui m'ont paru vingt secondes se sont écoulées.

— Oui, oui, pardon, je... réfléchissais.

À la raison qui pousse James à toquer à ma porte, à la suite potentielle de cette soirée, à comment m'habiller, à prendre mon téléphone pour tenir les filles informées...

— Je... Je ne peux pas t'ouvrir, je ne suis pas habillée.

Catastrophique.

Comme quoi, héroïne, c'est un métier.

— OK... Pas de souci, me lance James, surpris par ma spontanéité. Je voulais te proposer de prendre un verre au bar. Sauf si tu étais sur le point de te coucher.

— Non, non, super !

Moins je dis de mots, moins je risque de sortir de conneries. C'est mathématique.

— « Super » alors ! Tu me rejoins en bas ? Prends ton temps.

— Voilà, on fait ça.

« On fait ça » ?

Ceci n'est plus une comédie romantique, mais un guide en trois volumes des phrases à éviter.

Après avoir séché mes cheveux et m'être maquillée légèrement, j'enfile un jean boyfriend bleu clair et une chemise en soie orange. Ma tête me dicte de prendre un pull, mais l'héroïne qui est en moi me rappelle qu'il n'y a pas plus cliché (et donc essentiel) que d'avoir froid pour espérer un rapprochement.

Dans l'ascenseur, j'envoie deux messages. À mon groupe préféré :

Manon : James a frappé à ma porte !! Je le rejoins, on va boire un verre au bar de l'hôtel !!

Voilà que je me mets à ponctuer mes phrases comme Fanny.

Et à Alexandre :

Manon : Tu vas rire, mais quand James a frappé, j'étais en serviette 😉

En y repensant, ce détail aurait dû rester secret, mais avec Alexandre, je ne suis plus à une gaffe près.

Je retrouve James au bar, aussi cosy que le salon de la maison où j'ai grandi. Il ne manquerait plus que la neige tombe derrière la fenêtre pour que le décor soit idyllique.

Chemise blanche, pantalon bleu marine, baskets immaculées… Mon ennemi juré est physiquement parfait. Enfin… Même vêtu d'un sac poubelle, il le serait. Il me voit et me sourit. Et moi, je lui « envoie » un pouce en l'air ringard et hors sujet. Il fait signe à la serveuse qui s'empresse d'arriver. Évidemment… C'est un aimant, c'est James Mercier. Je prends un Coca Zéro et le club sandwich que je n'avais pas encore commandé. « Autant prendre des forces, sait-on jamais », dirait Fanny, qui m'a officiellement lavé le cerveau !

— Alors ce dîner avec la reine des robes de mariée, c'était comment ? inauguré-je, avec assurance.

— Pas si catastrophique en réalité… Mais il n'a pas duré très longtemps : Chloé ne s'est pas sentie bien et elle a voulu rentrer précipitamment.

Bizarre. Mais on ne va pas épiloguer des heures sur le sujet.

— Je ne pensais pas un mot de ce que j'ai dit lors des essayages au fait… Si ce n'est que tu étais très jolie. Toujours « objectivement », poursuit-il calmement.

— Merci… Je me souviendrai longtemps de ce moment. Et de son amabilité. Et de son ego. Et de son mauvais goût, mais je vais m'arrêter là. Il suffit qu'un beau mec débarque, et la solidarité féminine disparaît !

Encore une réplique qui aurait pu rester dans ma tête, mais je décide d'assumer.

— Ne fais pas comme si tu ne savais pas que tu es beau, s'il te plaît. Et épargne-moi les refrains du genre « C'est dur à vivre », « Ma beauté est un fardeau » !

— Je n'ai rien dit, Manon ! me lance-t-il en se marrant.

Ses fossettes sont de sortie. Et je me mets à penser : *Vivement que ce soit ses abdos !*

Mon téléphone posé sur la table se met à vibrer plusieurs fois. Georges. Encore. OK, il a la main lourde sur les croquettes, mais il a un sens du timing particulièrement brillant.

— Pour un simple copain, il te parle beaucoup. Tu le connais depuis longtemps ?

S'il savait. Je décide de ne pas lui mentir. Mais de ne pas tout dire non plus.

— Oui, c'est mon voisin, je l'aime bien. Et il passe voir mon chat quand je m'absente. Et…

— … il aime beaucoup te parler, me coupe-t-il.

— Eh oui ! Je sais, ça surprend, mais tu n'es pas le seul à avoir du succès.

— Je ne suis pas surpris, Manon.

Dans le fond, je crois que ça m'énerve qu'il répète autant mon prénom. Je m'apprête à formuler une réponse de qualité, mais il me devance d'un :

— Excuse-moi, je… je reviens.

Pile quand la conversation prenait un tour intéressant.

James me laisse en plan, et je me retrouve seule. Enfin… Seule avec mes frites et mon club sandwich qui viennent d'arriver. Et les filles qui réagissent à chaud.

Rose : Je vais me coucher, mais j'ai hâte de savoir si James a les compétences requises pour être médecin 😉

Emma : Et on n'oublie pas de se protéger, Manon, surtout !

Fanny : Et de s'amuser !!! 😉

Dix minutes plus tard, James, le teint blafard, revient vers moi. Il a l'air frigorifié et KO.

— Ça va ?

Question purement rhétorique, car son visage m'indique que non.

— Non, je crois que j'ai mangé quelque chose qui ne passe pas.

Comment ? Ah non ! Mon avenir sentimental ne peut pas se jouer sur une viande ou une moule avariée.

— Mince, attends, je vais te raccompagner. Il faut que tu t'allonges et que tu te couvres, tu as l'air gelé.

Je ris. Moi qui pensais que James allait me réchauffer.

Une fois arrivée dans sa chambre, je constate que mon collègue est très ordonné. Ce détail n'a aucun intérêt, mais comme James s'est précipité dans la salle de bains, j'ai eu le temps d'observer. Et de voir que, contrairement à moi, ses affaires sont rangées.

Il vomit. Beaucoup. Alors je mets de la musique. Très fort. Et j'attends près de la porte d'entrée. Après de longues minutes,

James, livide, se met au lit. Et non, je ne l'ai pas aidé à se déshabiller, car Monsieur cheveux parfaits est congelé ! Je vais chercher une couverture dans le placard, puis je lui tends une serviette mouillée à poser sur son front. Il a froid, mais il est brûlant. Et moi, je ne suis pas loin d'appeler Benjamin !

Je ne m'arrête pas de rire intérieurement. Non pas de son état de santé, mais de mon statut d'héroïne ratée. C'est nerveux certainement. C'est moi qui devrais être mise au lit après avoir malencontreusement sauté dans une rivière glacée par – 4 °C.

— Merci pour tout, Manon, désolé…, me souffle James, abattu, en prenant ma main. Je suis content qu'on s'entende mieux, vraiment. Même si… au début, c'était un peu… calculé, tu dois t'en douter.

Et il s'est endormi.

Là-dessus.

Je meurs d'envie de le réveiller pour comprendre la bombe qu'il vient de me lâcher ! Tout comme je me retiens de prendre mon téléphone pour écrire aux filles un pavé. Mais non, il faut que mon cerveau traite l'information. Je retourne dans ma chambre après avoir claqué la porte, mais cela n'a aucun effet sur mon ennemi juré qui ronfle dans son lit. Je me démaquille, enfile mon pyjama en polaire gris et me glisse dans mon lit moelleux, tout en cogitant.

Je m'apprête à mettre mon téléphone sur mode avion – la plus sage des décisions – lorsque je vois qu'Alexandre m'a répondu.

Alexandre : Mais non ?! Et tu as dérapé sur lui, nue ?

Alexandre : Tu n'as bien sûr pas à répondre à ce texto très, très gênant ! Grand-mère déteint sur moi. Content de voir que le cliché continue de devenir réalité en tout cas ☺

Je me redresse, hésite, et me mets à taper.

Manon : Non, je ne lui ai pas ouvert ! Je me suis habillée et je l'ai retrouvé au bar. Mais tu vas rire (encore), James est malade, il est au fond de son lit et, en prime, il m'a sorti des trucs bizarres. Un échec sur toute la ligne mais, s'il te plaît, ne dis rien aux filles.

Vingt minutes plus tard, je n'arrive pas à dormir, Alexandre n'a pas réagi et je n'ai qu'une envie : appeler Mathias. Mais, là encore, tout ne se passe pas comme prévu.

Après trois sonneries, Marie, à l'autre bout du fil, me hurle dessus :

— Manon, il va falloir arrêter d'appeler si tard en fait ! Tu as conscience qu'il est minuit et demi ?

Pardon ?

Déjà qu'elle trouvait mon chat gros ! D'où se permet-elle de décrocher à la place de mon meilleur ami ?!

35

À LA RECHERCHE DU KOUGLOF PARFAIT

Vendredi 9 décembre

J'AI MAL DORMI.

Pas besoin d'aller chercher loin l'explication, la journée d'hier a été forte en émotions : entre l'essayage ridicule, notre dîner annulé avec James, mon marché de Noël ruiné par la pluie, l'improbable intoxication alimentaire de mon ennemi juré et la méchanceté de Marie… J'ai espéré que rien de tout ça ne soit arrivé mais, hélas, je n'ai rien rêvé.

Au chaud dans mon lit, j'attends mon petit déjeuner que j'espère copieux en repassant en boucle les événements. Et notamment les propos déroutants de Monsieur cheveux parfaits. J'ai bon espoir qu'ils soient liés à sa foudroyante déshydratation et je serai bientôt fixée. Non, je ne m'apprête pas à aller voir sur Doctissimo, je vais envoyer un message à un vrai médecin : Benjamin.

En enlevant le mode avion de mon téléphone, j'ai une autre surprise. Aucun message ni appel de Mathias. Non. Que des notifications Mondial Relay de commandes pour Noël à aller chercher un peu partout. Peut-être qu'il n'est pas au courant de mon appel. Une chose est sûre : je dois lui en parler. De ça et du fameux truc qui « s'est réveillé » en lui. Je n'ai pas plus de nouvelles d'Alexandre. Les filles, en revanche, se sont prêtées au jeu du « Devine la nuit que Manon a passée », mais je tairai leurs hypothèses particulièrement imagées et à destination d'un public avisé.

Si elles savaient !

Malgré le fiasco de la veille, je compte profiter de mon vendredi à Strasbourg. Le soleil est enfin de retour, et *La Maison de Hanssen & Gretel*, le pont Saint-Martin et les autres incontournables de la « capitale de Noël » sont au programme de ma journée.

Je me suis emmitouflée dans ma parka et une épaisse écharpe en cachemire jaune cette fois. Et j'ai enfilé de grosses chaussettes en laine sous mes bottines noires montantes pour crapahuter confortablement et chaudement. En vraie touriste, je décide de commencer par la visite de Notre-Dame, sixième plus haute cathédrale du monde. Bonne nouvelle : je n'aurai pas fait que me ridiculiser et entendre mon ennemi juré se vider, je me serai aussi cultivée.

Je ne me presse pas pour profiter de ce doux bain de soleil en ce vendredi matin, mes lunettes oversize noires sur le nez. Et j'appelle Rose sur le chemin.

— Ma Manon, ma Manon, je suis ravie de t'entendre ! Comment vas-tu ? Alors, cette soirée ? Déjà réveillée ? débute-t-elle, à peine après avoir décroché.

Je savais que je n'y couperais pas.

— Comment dire ça, Rose ?! Surprenante ! Mais il ne s'est rien passé. Un deuxième imprévu s'est mis en travers de mon chemin.

— Mais non, lequel ? Rien de grave ?

— Non, non, je vous raconterai ça avec les filles…

— Justement, c'est un peu à la dernière minute, mais j'aurais aimé qu'on se réunisse dimanche pour fêter l'envoi de ma lettre à Lucien, si ça vous dit et que vous n'êtes pas occupées.

Merci, Rose. De changer de sujet et d'aborder celui pour lequel je vous téléphonais.

— Excellente idée ! D'ailleurs, comment vous sentez-vous ? Vous vous souvenez de notre discussion ? On se prépare à l'éventualité que Lucien…

— Manon, ma chérie, j'ai soixante-quinze ans et six jours, si je ne m'emballe pas maintenant, je ne le ferai jamais. Mais, promis, tout ira bien. Et le cas Alexandre, tu en es où ?

Voilà qu'elle change encore de sujet.

— J'enquête, j'ai quelques pistes. Et je pense qu'il y a quelqu'un.

Je ne lui en dis pas plus sur Margaux pour le moment.

— J'en étais sûre, il me cache quelque chose, j'en mettrais ma main au feu.

Sacrée Rose ! Après m'avoir dit qu'elle n'irait pas à l'aquagym demain pour ne pas attraper froid, il est temps pour mon amie d'aller préparer son déjeuner. Timing parfait, la cathédrale majestueuse et flamboyante, ornée de ses décorations, se dresse devant moi. Certainement pour me « débarrasser » du sujet, je prends à nouveau mon téléphone, cherche le contact d'Alexandre et appuie sur « appeler ». Je pourrais lui envoyer un texto, mais mon instinct me dicte de lui parler de vive voix.

Mais j'aurais dû m'en douter : mon instinct est à chier.

— Secrétariat d'Alexandre Marèle, Margaux à votre écoute, que puis-je pour vous… ?

Elles se sont passé le mot ?!

— … Allô ? Il y a quelqu'un ?

— Oui, pardon, je voulais parler à Alexandre… Mais il doit être occupé, j'enverrai un…

— Il est sous la douche, mais si c'est important, je vais le chercher !

— Non, non, ce n'est pas urgent… C'est à propos de…

— Je peux prendre un message. Tu es ?

— Personne.

Et j'ai raccroché.

Je ne sais pas pourquoi. J'aurais dû dire qui j'étais. En plus, il va bien savoir que j'ai appelé : mon prénom s'est forcément affiché. Et il n'y avait rien de secret. Le doute n'est plus permis en tout cas, il sort avec Margaux. Qui d'autre répondrait à sa place pendant qu'il prend sa douche ? D'autant qu'Alexandre m'a confirmé qu'elle n'était pas disponible pour l'accompagner à sa soirée. C'est bien sa petite amie. CQFD.

Enfin... C'est un peu bizarre quand on est en couple de demander à quelqu'un d'autre de jouer ce rôle le temps d'une soirée ?! Sauf si... Sauf si, comme dans les comédies romantiques, Margaux est en fait la cousine malchanceuse, victime d'un terrible dégât des eaux en pleine nuit ? Non mais qu'est-ce que je raconte, ça ne peut pas être un problème de plomberie. Il y a au mieux zéro virgule zéro zéro zéro un pour cent de chances qu'elle ait décroché car son robinet fuit. Et puis ce n'est pas comme si je ne voulais pas qu'elle soit sa petite amie. Bref, j'envoie un message – ce que j'aurais dû faire depuis le début ! – pour clôturer le sujet et je range mon téléphone dans ma poche pour de bon.

Manon : Hello, j'ai eu Rose. Ne t'inquiète pas ! Elle s'emballe, mais elle va gérer, promis. Bonne journée.

Je me concentre sur la visite et sur le « moment présent », comme dirait Emma qui s'insurge souvent de mon temps d'écran. Enfin j'essaie. Je suis perturbée par cet appel, bizarrement. Moi qui avais prévu d'allumer un cierge, je vais peut-être partir sur deux ou trois, finalement. Histoire d'assurer le coup et de bien tomber sur l'homme de ma vie en sortant.

Allez, Manon. On y croit.

Une fois dehors, je m'offre un bretzel et un chocolat chaud, qui entre immédiatement dans le Top 3 de toute ma vie. Je n'étais jamais venue en Alsace, mais je m'y sens comme à la maison. Le froid, les chalets, Noël et ses décorations... Je me mets à regretter de ne pas passer les fêtes en Savoie avec mes parents qui m'ont abandonnée pour Punta Cana.

Je continue de flâner dans les ruelles bondées au son de ma playlist spéciale « Noël ». Et je m'attends à tout moment à croiser Kevin McCallister de *Maman, j'ai raté l'avion* ou mon bel inconnu. J'achète une adorable mini-maison en pain d'épice pour le Secret Santa de Sylviane et réfléchis à un cadeau artisanal pour Maud, qui la changerait de Zara, lorsque… ma musique s'interrompt et que « James Mercier » s'affiche sur mon écran.

Respire, Manon, respire.

Et décroche, aussi.

Mon collègue a une petite voix : il est toujours au fond de son lit et il a changé son billet de train, car il ne se sent pas de faire le trajet. Et voilà… Je l'imagine encore au-dessus de ses toilettes.

— Encore merci de m'avoir aidé, Manon. Je ne me souviens pas de grand-chose, mais merci. Et on va se faire ce dîner à Paris, poursuit-il.

Après tous les rebondissements de la veille, je n'ai pas envie d'en parler plus ou de creuser. Pas maintenant. Je ne vais pas gâcher mes quelques heures tranquilles à Strasbourg pour un garçon. Je lui souhaite d'aller mieux avant de reprendre mon chemin en direction du célèbre salon de thé *Au Fond du Jardin*, où j'espère trouver une place sans avoir réservé. J'ai allumé trois cierges après tout.

Complet.

— Sauf si vous voulez partager une table avec Raoul, notre habitué, qui sera content de discuter, me propose-t-on.

— Raoul a-t-il trente-cinq ans ?

— Comment ?

— Non, pardon, j'ai un appel important…

Ma dignité… qui me dit qu'il faut y aller. De toute manière, je n'aurais pas pu rester longtemps, j'ai trois kouglofs à acheter.

16 heures

Je suis de retour dans le train, un nombre de kouglofs que je tairai à la main. J'ai eu le malheur d'y goûter... Et je sais désormais que ce truc peut se transformer rapidement en addiction. Tout autant que les streusels, ces crumbles alsaciens bourrés de beurre et de sucre, que j'ai rapportés pour le goûter de dimanche après-midi avec Rose, Emma et Fanny.

Fatiguée, je m'endors à peine le train parti, mais la sieste est de courte durée. Une vingtaine de minutes après le départ, un contrôleur me hurle dans les oreilles pour vérifier mon billet.

Sérieusement ?

Il devrait y avoir une loi qui dispose de ne pas réveiller un passager qui s'est assoupi. Jamais. Enfin... Je cherche mon téléphone et constate que celui qui va bientôt jouer mon faux petit ami m'a écrit.

> Alexandre : Hello Manon, je crois que tu as essayé de me joindre, désolé j'étais occupé. Merci d'avoir eu grand-mère, je suis rassuré 🙂 Merde si la soirée ne s'est pas passée comme prévu. Tu veux me parler des « trucs bizarres » ? Je t'embrasse.

Non, je ne veux pas te parler des trucs bizarres.

Je veux savoir...

Qui est Margaux ?

36

Grippe intestinale

Dimanche 11 décembre

Comme Rose, j'ai finalement séché l'aquagym samedi. J'ai prétexté attendre la livraison d'un colis important. À quatorze jours de Noël, l'alibi était parfait. À la place, j'ai comaté dans mon lit toute la journée enchaînant thé, chocolat chaud et kouglof, mais je ne préfère pas en parler. J'ai tout de même avancé sur mes paquets cadeaux au son de ma playlist préférée. J'ai tellement hâte de voir Fanny déballer sa carte cadeau pour une séance de voyance avec Tiffany Bonmatin, la « meilleure » selon les dires de mon amie. Je sais qu'elle en rêve depuis longtemps.

Vers 18 heures, je me suis enfin habillée pour aller faire une de mes tâches préférées : choisir puis décorer mon sapin avec passion et goût. Avant de le baptiser comme on l'a toujours fait avec mes parents. Oui, tout en mangeant des Ferrero Rocher, on avait l'habitude de trouver un nom aux arbres qui nous faisaient l'honneur d'embellir notre salon pendant plus d'un mois.

D'habitude, Mathias est de la partie. Non pas qu'il ait particulièrement l'œil en matière de sapin ou de décoration. Mais c'est lui qui est chargé de le porter et de monter mes quatre étages à pied.

J'ai un temps cru que j'allais devoir en prendre un tout petit cette année, mais miracle de Noël : j'ai pu me le faire livrer.

Non pas par un bûcheron ressemblant à Chad Michael Murray.

Mais par un livreur de cinquante-trois ans prénommé Didier. J'ai beaucoup réfléchi en décorant mon sapin. Et pas seulement à son futur prénom et à la disposition des boules de Noël fraîchement commandées et reçues.

Et voici mes conclusions en ce dimanche matin : ma liste, mes tropes, mes prétendants au titre de héros de comédies romantiques… C'est bien, mais ça manque d'originalité, non ? Si demain je sortais avec James et que je racontais nos débuts à quelqu'un, que me répondrait-on ? Que notre histoire est digne d'un film ? Parce qu'un quiproquo – si sa révélation entre deux vomitos en est un – a failli nous séparer alors que c'était lui, l'élu ? Peut-être oui, mais personne ne me lancerait, stupéfait : « Mais non ?! Même au cinéma, ça n'arrive jamais. » Alors que c'est ça que les filles et moi voulons réellement.

Partant de ce postulat, j'ai brainstormé et j'ai imaginé le synopsis parfait : « Quand Manon a aidé Rose, soixante-quinze ans, à retrouver Lucien, son ami d'enfance dont elle était follement amoureuse à dix-sept ans, elle ne croyait plus en rien.

Plus de cinquante ans plus tard, le destin a pourtant réuni ces âmes sœurs… pour le reste de leur vie. Et c'est ce même destin qui a, par ricochet, mis Arthur, l'un des petits-fils de Lucien, sur la route de Manon. Et elle ne le sait pas encore, mais il s'apprête à lui demander sa main… »

OK, il faut légèrement se projeter, mais c'est vendeur, non ? Et c'est possible. Car Arthur existe, je l'ai cherché et trouvé. Arthur a trente-quatre ans, beaucoup de charme, et une galerie spécialisée dans l'art abstrait. Justement un domaine que je m'étais noté de creuser ! Non. Bien sûr que non. Mais après tout, pourquoi pas ? Il faut que j'en parle aux filles. C'est farfelu, donc ça va plaire à Fanny, et Emma me dira que « ça vaut le coup d'essayer ». En revanche, pas un mot à Rose. Elle doit rester concentrée.

Lorsque je la retrouve ce dimanche après-midi, elle est d'humeur légère et aussi excitée qu'une jeune fille de seize ans qui a la permission de minuit.

Et ça n'a aucun rapport, mais elle a fait un feu dans la cheminée. Et encore une fois, j'ai l'impression d'être un peu chez moi, en Savoie.

—Manon, ma chérie, veux-tu bien démarrer notre petite célébration en nous racontant les derniers rebondissements de ton côté ? débute-t-elle, tout en sortant le champagne du frigo.

Évidemment.

Rose a tout prévu. Les coupes en cristal, les cakes au citron de l'excellente pâtisserie au coin de sa rue et des serviettes en papier de saison à l'imprimé casse-noisettes rouge et doré sur un plateau en argent. Sur lequel se trouvent aussi les fameux streusels, que je me suis retenue de dévorer. Entre deux bouchées, je rapporte au mot près les propos de James, et Emma n'a pas pu s'empêcher de diagnostiquer :

—Grippe intestinale d'après toi ?

Je réponds que ça sent l'intoxication alimentaire à plein nez, mais que j'aimerais surtout avoir leur avis sur ce que James m'a dit, même si – apparemment –, c'est moins intéressant !

—On plaisante, Manon, rigole Fanny. Mais oui, c'est trop bizarre. C'était « calculé » ? Pourquoi ? Demain, tu le plaques contre le mur et tu le forces à s'expliquer.

Oui, parce que Benjamin m'a affirmé que James n'était pas assez déshydraté pour halluciner.

—Et ensuite ? On tire un trait sur James ? Sa justification tient peut-être la route. En plus, vous m'avez dit que la situation pouvait changer et qu'il fallait justement passer outre quelques déconvenues, s'interroge alors Rose, dépitée.

—Oui, c'est souvent le cas dans les films, mais là, je pense qu'on s'est emballées, enfin je ne sais plus…, réponds-je, blasée et perdue, tout en dépliant sans aucune discrétion le plaid hors de prix de Rose pour m'en envelopper.

—Attends, pourquoi tu dis ça ? poursuit Emma, qui fait officiellement beaucoup trop attention aux gens.

—Et Alexandre ? s'enquiert Rose.

Pourquoi évoque-t-elle son petit-fils maintenant ?

—Alexandre ? Votre petit-fils a quelqu'un d'autre en haut de sa liste, lui, lancé-je, ne comprenant pas pourquoi mon amie me pose cette question, alors qu'on a discuté du sujet il y a deux jours à peine.

—Je sais bien, Manon, tu me l'as dit vendredi. Non, je te demandais si tu lui en avais parlé ? Pour qu'il questionne ton ennemi juré !

Ah.

J'ai le don d'être à côté de la plaque.

Et je veux rester blottie dans ce plaid toute ma vie.

—Non, enfin vaguement…

—Bon, tu vas en avoir l'occasion. Je vais te confier ma lettre pour qu'il la récupère chez toi comme vous n'habitez pas loin. Ce soir, tu seras là ? Il peut passer ?

—Oui, je serai là donc… oui.

De mieux en mieux.

Heureusement, Emma recentre la discussion sur la raison de notre présence. Dans une semaine exactement, Rose saura si les sentiments de Lucien à son égard étaient réciproques. Leurs retrouvailles n'auront pas pour décor le pont des Arts ou je ne sais quel lieu romantique de la capitale. Non, elle lui a donné rendez-vous là où ils se sont dit adieu il y a plus de cinquante ans, c'est-à-dire devant la devanture du Prisunic de Melun, qui, contrairement aux sentiments de Rose, appartient désormais au passé !

Après ces précisions, notre amie, toujours aussi joyeuse, lance :

— Bon, maintenant, parlons sérieusement, j'ai besoin de vos avis.

Rose a rendez-vous chez son coiffeur, Fabio, samedi prochain et elle veut « innover ». Elle a « marqué plusieurs pages sur Internet » qu'elle voulait nous montrer. Après avoir validé le dernier brushing déstructuré de Jane Fonda, nous allons dans sa chambre où trois tenues potentielles sont étendues sur le lit. C'est comme je l'avais imaginé : de la moquette beige, un bouquet de roses fraîches qui embaume la pièce, des photos de famille en noir et blanc disposées sur une commode en bois massif, des rideaux imposants blanc cassé et un linge de maison liberty. Nous choisissons ensuite la plus adaptée, l'occasion pour Fanny de faire encore une Fanny :

— Et si vous avez besoin pour les sous-vêtements, n'hésitez pas, on est aussi là pour ça !

— C'est prévu, ma belle, c'est prévu… Mais pour le second rendez-vous.

37

Un second rôle inintéressant

Il est 20 heures lorsque j'arrive chez moi. Tout en montant les dernières marches et en cherchant mes clés, j'aperçois une silhouette ainsi que le logo de mon restaurant de sushis préféré.

— Menu B23 tout saumon et riz gluant à la mangue pour me faire pardonner ? me sourit Mathias, adossé à ma porte d'entrée. J'avais même prévu de réchauffer ta soupe, mais j'ai oublié tes clés.

J'apprécie qu'il soit venu jusqu'à moi. Et il a de la chance, j'ai (encore) faim.

— Je valide cette livraison à domicile, mais tu n'y couperas pas, on va discuter. Après avoir mangé, précisé-je en ouvrant la porte de mon modeste 35 m^2.

Mathias fait comme chez lui, car il l'est. Il sort les assiettes, les baguettes et compagnie pendant que je range précieusement la lettre de Rose dans ma table de nuit.

— Vin ou Coca, Manon ? me demande-t-il.

— Coca ! J'ai trop bu chez Rose. D'ailleurs, ma vessie n'en peut plus, lui réponds-je, tout en illuminant Rudolf, mon sapin. Un petit nom qui lui va à la perfection.

Je viens à peine de m'asseoir sur mes toilettes lorsque j'entends sonner. Merde, qui ça peut bien être ? Georges qui veut encore voir le chat ? Mathias va ouvrir, et je me retiens de faire pipi pour écouter.

— Bonsoir, je suis bien chez Manon ?

Mince, Alexandre. J'avais oublié.

— Oui, laisse-moi deviner… James, c'est ça ?

Tais-toi, Mathias.

— Non, Alexandre. Je suis le petit-fils de Rose. Je… je ne suis pas sur la liste de Manon, je suis juste un second rôle pas très intéressant.

— Ah, pardon ! Oui, en effet, je n'ai pas ton prénom sur la liste, plaisante-t-il.

J'ai envie de l'étriper !

Mathias, Mathias, Mathias, tais-toi. Mon regard se tourne vers l'affiche de mon thème astral offerte par Fanny à Noël l'an dernier. Si les planètes pouvaient m'aider pour une fois…

— Je suis le meilleur ami, Mathias, enchanté ! J'étais censé être en haut de cette liste, mais elle m'a rayé sans aucune considération. Non pas que je veuille être considéré. Enfin, entre, elle arrive, elle est… occupée.

Ouf, l'honneur est sauf !

Je regarde mon reflet dans le miroir de ma salle de bains, je souffle et les rejoins. Après avoir réussi à faire pipi le plus silencieusement possible, heureusement. Et m'être lavé les mains, ça va de soi.

— Alexandre, ça va ? Qu'est-ce que tu fais là ?

Catastrophique.

— Je viens récupérer la lettre de ma grand-mère, tu sais ?

Bien sûr que je sais.

— Oui, oui, je suis bête. Attends, je vais la chercher.

De retour dans ma chambre, c'est-à-dire à littéralement trois pas, j'entends Mathias lui proposer de rester dîner. Et je pense que mon meilleur ami devrait un peu moins se sentir chez lui. Alexandre décline l'invitation. Son occupation doit tenir en sept lettres, mais ce n'est pas le moment de l'interroger. Je reviens avec l'enveloppe et lui fais promettre d'en prendre soin.

— Au fait, c'est toujours bon pour toi jeudi, Manon ?

— Oui, sauf si tu as trouvé quelqu'un d'autre finalement.

— Non, non. Et je n'ai pas cherché, ajoute-t-il alors que Macumba vient se frotter contre lui.

Il ne manquait plus que lui. Cette bête sauvage affamée à cause de laquelle je me ridiculise une fois sur deux.

— Le dress code, c'est plus « cocktail » que « pull de Noël » pour info, poursuit-il en se baissant pour le caresser.

— Ça marche, merci, c'est ce que je pensais.

— Et tu me diras si je passe te chercher. Passez une bonne soirée. Salut, Mathias, à bientôt peut-être… Et Macumba, si tu veux changer de prénom maintenant que tu es bien acclimaté, fais-moi signe !

Je ferme la porte sous le regard inquisiteur de mon meilleur ami qui ne peut pas s'empêcher de lâcher :

— Oh oui, on va discuter.

38

Non, peut-être, mais…

Je crois que ce que je préfère chez Mathias, c'est le fait qu'il me connaisse par cœur. Mais c'est aussi ce que je déteste le plus. Surtout là, tout de suite, maintenant. Je refuse qu'il retourne la situation alors que c'est lui qui me doit des explications.

— Tu m'éclaires sur ce « second rôle » avec qui tu sors jeudi ? Et ne me dis pas que c'est le petit-fils de Rose que tu as croisé à la clinique l'autre jour, tu as très bien compris la question, enchaîne mon meilleur ami en posant nos assiettes de sushis sur la table basse du « salon ».

— Pourquoi, tu es jaloux ? Lui aussi, tu vas l'empêcher de me voir ? réponds-je pour le provoquer.

— Donc vous vous voyez ?! Qu'il soit dans ta liste ou non, tu ne peux pas le nier, il te plaît. Je te connais par cœur, Manon.

Qu'est-ce que je disais ?

— Alors déjà, je t'en avais parlé. C'est toi qui n'as pas rebondi. Et ensuite, non, on ne se voit pas et, surtout, il sort avec quelqu'un.

— Ce n'est pas ce que j'ai demandé.

— Ah, tu vois comme c'est agaçant de poser des questions et de ne pas obtenir de réponse, riposté-je, tout en triturant mon wasabi avec acharnement.

Mathias se met à rire puis lève sa serviette en papier en guise de drapeau blanc. Je crois que c'est la première fois qu'une trêve est invoquée. Mon meilleur ami m'offre le dernier gyoza, qu'on a pour habitude de partager, et une explication digne de ce nom.

Enfin !

— Bon, allez, je me lance. Pour ce qui est de Benjamin, oui, j'ai complètement merdé. Mais j'avais dix-sept ans. Je voyais des mecs te tourner autour au lycée et j'ai eu peur. Pas de Benjamin spécifiquement, mais peur que tu souffres, que tu sois déçue ou je ne sais quoi. Et puis, si je suis honnête, peur que tu t'éloignes de moi. C'était égoïste. J'ai voulu t'en parler plus d'une fois, mais je n'en ai pas eu le courage. Et puis tu ne m'avais jamais parlé de lui, alors j'ai laissé couler. Quant à Marie…

— Qui m'a raccroché au nez après m'avoir hurlé dessus l'autre jour ! Enfin, je ne sais même pas si elle t'a raconté d'ailleurs…, précisé-je tout en versant ma sauce sucrée sur mes sashimis.

— Si, si, elle m'a dit. Je suis vraiment désolé. Je pense qu'elle ne s'attendait pas à ce qu'on soit si proches, même si je l'avais prévenue. Avant ton appel, je venais de lui raconter ton histoire de scénarios, et on s'était pris la tête parce qu'elle m'a affirmé qu'à la fin « c'est toujours le meilleur ami ».

À la télé ou dans les livres, oui.

— Alors, quand tu m'as appelé à minuit, elle a paniqué. J'étais sous la douche et, quand je suis revenu, elle ne m'a pas raté. Mais on s'est expliqués, et jamais elle n'aurait dû te parler comme ça, elle l'a reconnu. Manon, je sens que c'est sérieux avec elle, donc essaie de te mettre à sa place, s'il te plaît. Et pour ce qui est de la nature de notre relation pour aller au bout des confessions, oui, j'ai pensé il y a quelques années qu'il pourrait y avoir plus. Parce qu'on se complète, on se comprend, et que je n'ai qu'une peur : ne plus t'avoir dans ma vie.

— Je… Merci, merci pour l'honnêteté. Quand je vais raconter ça à Fanny ! Je plaisante, j'emporterai ton secret dans ma tombe, tu le sais.

— Mais donc toi, tu n'as jamais…

— Non ! J'y songerais à la rigueur si la fin du monde arrivait, mais…

— Ne termine pas ta phrase, Manon, ou je ne demande pas à Marie d'arrêter de dire que Macumba est gros.

— OK, j'arrête là. Mais sache que je lui ai rapporté ses propos et qu'il était vraiment blessé.

— Pauvre chat ! Bon, et sinon on en parle enfin du « second rôle » qui te regarde comme si tu étais la huitième merveille du monde ? Et qui aime celui dont on ne mentionne pas le poids, par-dessus le marché…

— Mais non, n'importe quoi. Enfin, si, il a l'air d'aimer Macumba.

— Sérieusement, Manon ? C'est aussi peu subtil que dans tes romances à la con, encore une fois !

— Très drôle, mais désolée, il n'y a rien à dire ! Enfin si, beaucoup. Mais ce n'est pas ce que tu crois.

Je lui réexplique en détail ma rencontre avec Alexandre lors du séjour de Rose à la clinique. Sa manière de prendre soin de sa grand-mère et comment, malgré lui, il s'est retrouvé mêlé à notre expérience scientifique et cinématographique. Il y a aussi son infiltration auprès de James ; et son avis qu'il nous donne, contraint et forcé. Et puis, ce fameux service : l'accompagner à sa soirée parce que Margaux n'est pas dispo.

— Et on est sûrs à cent pour cent qu'ils sont ensemble ? me demande Mathias, perplexe.

— Elle a décroché à sa place quand il était sous la douche ! Ça ne te rappelle pas quelqu'un ?

— OK, c'est plausible, mais ce n'est pas suffisant pour qu'on soit sûrs à cent pour cent. Et surtout, ça ne répond pas à ma question purement rhétorique parce que je te connais trop bien… Il te plaît ?

— Je… Non, peut-être… Mais en fait… Enfin…

Pourquoi je n'arrive pas à formuler cette phrase, composée de six tout petits mots, qui est à la portée de tout un chacun : « Non, il ne me plaît pas. »

— ... C'est hors sujet !

Voilà, Alexandre est hors sujet.

— Et puis, figure-toi que j'ai découvert un nouveau prétendant potentiel : Arthur, dont le C.V. me semble absolument parfait.

Il hausse un sourcil intrigué, me faisant comprendre que ce n'est pas tombé dans l'oreille d'un sourd, mais avant il rétorque :

— Et pourtant, tu n'as qu'une question en tête : qui est Margaux ?

Je déteste officiellement Mathias et sa capacité à deviner tout ce que je pense et ressens. Tout le temps.

— Oui, mais je n'aime pas quand une inconnue reste dans l'équation. C'est pour ça que je suis bloquée là-dessus. C'est tout.

— Si tu le dis... Tu avoueras aussi que James t'a lâché une phrase très bizarre en agonisant et que tu ne m'en parles pas ? Tu n'as même pas l'air inquiète de savoir ce que tu vas découvrir ! Benjamin est, d'après ce que j'ai compris, déjà éliminé. Alors, oui, potentiellement, Arthur – que tu ne connais pas – est l'homme parfait, mais je sais très bien que, dans ta tête, c'est plus compliqué. Donc personnellement, jeudi, je demanderais à Alexandre qui est Margaux et, surtout, je passerais une bonne soirée aux côtés du mec qui me plaît... « Non, peut-être... Mais en fait... Enfin... C'est hors sujet. »

— Moque-toi, moque-toi. Non, mais James, je te rappelle que je l'ai entendu se vider dans sa salle de bains, donc pour le glamour, on repassera ! Et bien sûr que sa révélation m'a refroidie. Quand bien même je n'ai pas l'explication, sa phrase était plutôt claire. Et Arthur, bon, OK, il n'a pas encore débarqué dans ma vie, mais ça serait du sang frais.

— Contrairement à Alexandre ?

Il ne lâche pas l'affaire.

— Non, parce que tu les adores, les films où le mec au second plan est en fait le bon ! Le but, ce n'était pas justement de prouver que les scénarios peuvent se réaliser ?!

— Oui mais non, mais oui, enfin il a l'air très gentil, mais pas pour moi. Et, de toute manière, Margaux n'est pas le seul problème. Il fume, et je déteste ça. Et, en plus, je ne fais que me ridiculiser quand je le vois. Il est au courant de tout, et tu es bien placé pour savoir que ce n'est pas glorieux. Non, Alexandre, c'est juste le petit-fils de Rose, un mec sympa mais qui n'est pas pour moi.

Voilà. C'est ça. C'est un mec sympa. Qui sort avec une certaine Margaux. Et qui n'est pas pour moi.

Même s'il a de très beaux cheveux.

39

C'EST « JUSTE »

Lundi 12 décembre, 9 h 37

JE N'AI AUCUNE ENVIE D'AFFRONTER LA SEMAINE QUI m'attend. Mis à part la séance photo des chiots et des chatons pour le calendrier de Jacqueline mercredi, je n'ai envie de rien. J'ai assuré aux filles que je comptais faire cracher le morceau à James, mais en réalité, je préférerais l'éviter. Si c'est pour découvrir que je suis au centre d'un pari, non merci ! Quand bien même l'objet du pari de l'ennemi juré devient l'objet de son cœur dans quatre-vingt-dix-neuf pour cent des comédies romantiques que j'ai regardées. Mais je n'y crois pas. Les héroïnes de fiction ont peut-être le pardon facile. Mais pas moi.

Un texto me sort de mes pensées. Alexandre.

Alexandre : Hello Manon, j'espère que tu as passé une bonne soirée avec Mathias. Lettre déposée chez Lucien. Si tu n'as rien de prévu, ça serait bien que tu viennes avec grand-mère et moi au rendez-vous dimanche. Juste au cas où.

« Juste au cas où. »

Je ne sais pas quoi penser. Rien, à vrai dire. Alors je lui réponds « juste » que je serai là.

10 h 30

Marc passe à mon bureau brièvement.

— Manon, on se fait un point cet après-midi pour débriefer Strasbourg ? Ça sera l'occasion de te poser deux trois questions.

— Oui, pas de souci, je préviens Ja…

— Ah non, pas besoin. Ça sera juste toi et moi.

« Juste toi et moi. »

C'est bizarre. Mais ça ne sert à rien d'imaginer quoi que ce soit. J'espère « juste » qu'il n'a rien à me reprocher. La semaine est déjà assez chargée pour me rajouter une galère au bureau.

11 h 15

James arrive enfin ! Il se fait alpaguer par Maud dans le couloir, mais il ne prend pas le temps de s'arrêter pour discuter. Non, il fonce droit vers moi. Déterminé, avec un sachet de viennoiseries dans les mains. Pas de doute, le moment tant attendu est arrivé.

— Hello, Manon, comment tu vas ? Le retour à Paris s'est bien passé ?

Soit. Commençons par quelques banalités. Il est mielleux, et ses fossettes sont de sortie. Ça promet. Qu'il enlève sa chemise s'il doit vraiment se faire pardonner !

— Oui, très bien, et toi, tu vas mieux ? Tu as vu un médecin au fait ? C'était une gastro ?

J'étais obligée.

— Une intoxication alimentaire, mais je vais bien mieux, merci de demander. Et encore merci de m'avoir aidé.

À vomir ?

— Dis-moi, tu as quelque chose de prévu pour le déjeuner ?

Il veut officiellement me parler.

— Oui, je vais chez le coiffeur. Mais demain si tu veux.

— Merde, j'aurais préféré aujourd'hui…

Ouh là, si ça n'a aucun rapport avec mon point de l'après-midi, je suis prête à avouer que mon chat est gros !

— … Tu serais dispo pour un café dans la matinée ?

Il est 11 h 18, qu'entend-il par « dans la matinée » ?

— Je ne vais pas t'embêter longtemps, juste dix, quinze minutes.

« Juste dix, quinze minutes ».

Ça n'aura duré que douze minutes, en effet. Et je n'ai pas été déçue.

J'ai ouvert le bal en lui lançant, plus inspirée que je ne l'aurais pensé :

— Chouquettes et cookies… Je m'attends au pire ! Rassure-moi, tu ne vas pas me dire que tu allais coucher avec moi pour honorer un pari ?

— Hein ? Quoi ? Pas du tout ! Mais… Je reconnais que je n'ai pas été totalement franc.

Oui, j'avais saisi, James Mercier.

Je lui demande donc la vérité. Il s'exécute, et je découvre la raison de cette opération séduction. Roulement de tambours : mon pire ennemi est sur le point d'avoir une promotion. Une grosse promotion même, puisque Marc lui propose de devenir associé. Seule ombre au tableau, le doute d'un des deux autres fondateurs de l'agence quant à l'exemplarité de Monsieur cheveux parfaits. Ils ont eu vent de ses moqueries à mon égard et de ses flirts incessants.

Tu m'étonnes !

— Donc, en fait, j'avais raison, en réalité tu me détestes vraiment, et ta gentillesse n'était que de la comédie ! Pourquoi tu me racontes ça maintenant ? Pour que j'accepte de vanter tes louanges auprès de Marc, malgré tout ? lui demandé-je, énervée.

Manon, lâche cette chouquette qui ne t'a rien fait !

— Au début, oui, j'ai… joué un rôle. Je t'ai aidée pour Rose pour… marquer des points. Mais, très vite, je me suis rendu compte que j'avais été con et que je t'appréciais, dans le fond. Quand je t'ai attendue à la clinique, ce n'était pas une stratégie, je voulais vraiment avoir des nouvelles de Rose. D'autant que j'avais ma part de responsabilité. Et pour le dîner à Strasbourg, je ne me suis vraiment pas forcé. Je ne sais pas pourquoi je te critique tout le temps depuis qu'on bosse à l'agence tous les deux. Peut-être que j'aimais bien que tu aies du répondant, tout simplement. Contrairement aux autres. Et tu as vraiment du talent, aussi.

Il y a beaucoup de « vraiment », non ?

— Je ne vais plus te mentir… C'est sûr que j'aimerais que tu dises du bien de moi à Marc, mais fais-toi plaisir et défonce-moi, je comprendrais. Manon, je te présente mes excuses. Sincèrement.

J'entends déjà Fanny me demander si je l'ai insulté et Rose m'affirmer qu'elle lui aurait mis son poing dans la figure. Voire plus bas. Mais je n'ai rien fait de tout ça, et mon ennemi juré, lui, poursuit :

— J'en appelle au grand cœur de la talentueuse décoratrice de sapins. Après tout, s'il y a une période pour pardonner, c'est Noël, non ?

Il ose invoquer l'esprit de Noël ? Bon, c'est vrai qu'il a raison. Mais je ne me laisse pas berner. Enfin, pas totalement.

— C'est vraiment naze d'avoir joué avec moi, déclaré-je, blessée. Heureusement que tu m'as obtenu cette adresse, sinon je ne te pardonnerais jamais. Et pourquoi me le dire maintenant, si ce n'est pour ta promotion ? Ensuite, tu vas à nouveau être odieux ?

— Non, absolument pas ! J'aurais eu tout intérêt à me taire, tu ne penses pas ? Je comprends que tu doutes, mais c'est vrai. Parce que, dans le train, j'ai compris que si je devais avoir ce poste, c'était en étant réglo. Ça m'a frappé. Ta gentillesse, ton talent aussi, c'était juste évident pour moi de te dire la vérité.

« Juste évident » pour lui.

Juste humiliant pour moi.

40

La promotion

Chez le coiffeur, je n'attends qu'une seule chose : le doux moment de plénitude offert par le massage du cuir chevelu. Cinq précieuses minutes pendant lesquelles je ferme les yeux et m'assoupis, après avoir répondu : « Oui, allez, faisons le soin » alors que je m'étais promis de dire « non ». Cette fois.

Malheureusement pour moi, James me les a ruinées. Lui et ses satanés aveux ! J'ai ruminé, la tête dans le bac à shampoing, et j'ai même refusé que Julie, ma coiffeuse attitrée, lance le siège relaxant. À quoi bon ? Quel discours adopter face à Marc et ses questions sur l'exemplarité de mon ennemi juré ? Je ne vais pas lui avouer : « James m'a menti et s'est servi de moi. Comme dans les films. Non, pire que dans les films. Il doit être viré, sinon c'est moi qui pars sans préavis. » Quoique. Nombre d'héroïnes de comédies de Noël sont au chômage ou en pleine reconversion professionnelle, mon personnage n'en serait que plus crédible. Mais non, je ne suis plus une enfant, ce n'est pas une cour de récré et encore moins une fiction. Et puis, j'ai un loyer à payer.

Il n'empêche que James m'a manipulée et qu'il est hors de question de passer pour la fille naïve qui se laisse berner. Et Fanny et Rose qui me harcèlent pour savoir si explication il y a eu ! Pourquoi fallait-il que mes amies se sentent si investies ? Et pourquoi écrivent-elles dans la conversation avec Alexandre aussi ? Conversation qu'on devrait renommer : « Les échecs en série de Manon… »

Manon : Coucou les filles. James est venu me voir de lui-même ce matin. Vous allez rire (non !) : il est devenu gentil avec moi pour avoir une promotion. Voilà ! Il y avait bien une explication. Ou plutôt un loup. Et c'est une promotion. Mais ça va. Je vous raconterai en détail samedi, pas envie maintenant. Mais ÇA VA.

Peut-être que les majuscules sont de trop Mais tant pis, c'est parti. Et dans notre conversation initiale. Je suis déjà assez humiliée comme ça. J'envoie presque le même texto à Mathias qui me répond dans la foulée :

Mathias : Putain, ce mythe de l'ennemi juré à la con. Dis-moi si tu veux te venger ! Et comment…

15 h 28

Marc me convoque dans son bureau, et je suis toujours dans le flou. Mais, au moins, Julie m'a parfaitement coupé les cheveux.

Sans surprise, mon boss m'explique qu'il envisage de nommer James associé, mais que son attitude, à mon égard notamment, le fait tiquer. D'où notre binôme sur les robes de mariée.

— Dis-moi franchement, Manon, comment il s'est comporté avec toi ?

J'opte pour la semi-vérité.

— Il a joué le jeu. Il m'a caressée dans le sens du poil et a été plus que cordial. Et je pense qu'il a saisi l'enjeu parce qu'il a filé droit. Au final, je ne suis pas sûre que ça l'ait tant traumatisé que ça d'être sympa. Je n'irais pas jusqu'à dire qu'il a été cent pour cent sincère avec moi, mais je préfère ça que son attitude de gros con, qu'il n'est pas vraiment d'après moi.

— Bon. Tant mieux. Et merci pour l'honnêteté ! Tu le verrais associé, toi ?

— Je ne suis pas certaine que mon avis compte réellement…

— Tu plaisantes ? Tu gères l'un des plus gros clients de la boîte en solo, donc si, ton avis compte pour moi.

Je me rends compte que, si je le voulais, je pourrais réduire la carrière de James à néant. Mais je ne suis pas comme ça. Et quand bien même il s'est rapproché de moi par stratégie, il ne m'a jamais rien promis. Je me suis fait des idées parce qu'il a révélé à Alexandre qu'il ne serait « peut-être plus célibataire » après le week-end dernier. Sauf qu'il ne parlait pas de moi. Tout simplement.

— James est doué, créatif, et il sait vendre et se vendre, donc il sera un atout, oui. Et il a compris qu'il avait déconné avec moi. Mais tu fais bien de rappeler que je gère un gros et important client en solo, ça serait peut-être le bon moment de récompenser mon travail, non ?

— Merci, Manon. Et tu as raison, entre Premium Croquettes et Chloé Maignot, tu assures. C'est entendu : on va arranger ça… avant la fin de l'année.

Je n'ai pas tout perdu finalement.

De un : je peux rayer un autre prénom de ma liste de prétendants au titre de « petit ami digne d'un roman ». Et accessoirement conclure que le trope des « *enemies to lovers* » est tout bonnement invraisemblable. Et de deux : je vais enfin être augmentée.

16 heures

Je sors du bureau de Marc et constate que l'écran de mon téléphone est rempli de notifications. Et que Fanny, malgré elle, m'a enfoncée.

Fanny: Manon, tu t'étais trompée de groupe.
J'ai remis ton message ici pour qu'Alexandre le voie.
Et qu'on puisse tous réfléchir à la meilleure façon
de se venger !!!!!

Formidable.

Rose: Et si Alexandre lâchait malencontreusement
un haltère sur son pied ?!! Ou les deux ?
Qu'en dis-tu ?!

Faut-il rire ou pleurer ?

19 heures

Je n'ai pas encore répondu aux filles. Alexandre ne s'est pas non plus manifesté. En revanche, je me suis lâchée auprès de Mathias, qui n'en finit plus de me proposer des idées machiavéliques.

J'ai passé toute la fin d'après-midi à travailler pour mes chiens adorés. Enfin, j'ai ressassé en regardant des photos de chiens que j'aurais pu à tout moment adopter. Ce n'est pas le fait de découvrir que James n'est pas l'homme de ma vie qui me met dans cet état, mais je m'en veux d'y avoir cru. Je me sens sacrément bête. Et je n'ai même pas couché avec lui ou au moins touché ses abdos…

Il n'y a plus de doute, cette expérience va mal se terminer. Parce que Mathias n'est que mon meilleur ami, parce que Benjamin n'a vu en moi que son ancienne binôme de chimie et parce qu'il va s'avérer qu'Arthur est gay.

À la fin, rien n'aura changé, je serai toujours célibataire. Contrairement à Rose qui filera le parfait amour avec Lucien.

Contrairement à Mathias et Marie qui s'aiment avec un grand A.

À James et je ne sais pas qui.

Et Alexandre et Margaux.

41

Avoir hâte

Mardi 13 décembre

Lorsque je me réveille le lendemain matin, j'ai encore espoir d'avoir fait un mauvais rêve. Ou de m'être pris un parpaing sur la tête et de souffrir d'un traumatisme crânien. Mais non, mon téléphone est là pour me confirmer la triste réalité.

Emma : Poulette, on s'inquiète, tout va bien ?
On s'en fout de James, c'est un gros nul ! Et l'haltère sur le pied, ce n'est pas une mauvaise idée ☺
Un orteil cassé, ça paraît rien, mais ça pourrit la vie.

Fanny : Je suis également pour et, en plus, on pourrait glisser des laxatifs dans son verre !!!!
Et hop, retour sur la case toilettes pour James ☺

J'avoue, j'ai ri en lisant le projet machiavélique de Fanny. Et Alexandre m'a écrit.

Alexandre : Hello Manon, merde pour James ! J'espère que tu n'es pas trop déçue. Si tu veux faire l'une des choses proposées par tu sais qui, n'hésite pas à m'appeler. J'imagine que j'ai aussi signé pour ça 😉 Hâte de te voir jeudi en tout cas.

« Hâte de te voir jeudi. » Le pense-t-il vraiment ? Non, il doit juste être soulagé d'avoir une fausse copine à présenter à sa soirée.

Je suis en pleine réflexion lorsque j'arrive à mon bureau où James m'attend… avec des viennoiseries.

C'est donc devenu une tradition.

— Manon, Marc m'a débriefé. Et je voulais te remercier. D'avoir été aussi cool…

— Je n'ai pas été cool, j'ai juste dit la vérité ! Et j'espère que tu continueras à bien te comporter… Et à m'apporter des chouquettes ou des pains au chocolat. Pas tous les matins, mais souvent, et des oranges pressées et des jus détox aussi, tiens ! Enfin, si je reste avec vous. Je ne vais pas te mentir, j'ai une proposition ailleurs…

Oui, j'ai le droit d'enjoliver. Ou, dans le cas présent, de mentir. Mais j'ai une bonne augmentation à négocier.

— … Donc j'espère que vous saurez me convaincre de rester, Marc et toi. N'oublie pas que les chiens et les chats sont de mon côté.

Celui qui n'est plus mon ennemi juré et qui ne sera pas l'amour de ma vie se met à rire avant de déclarer :

— Marché conclu pour tes livraisons personnalisées ! Et le message est passé pour la promotion. Les chiens ont sincèrement besoin de toi. J'espère qu'on pourra continuer à bosser ensemble. Et, au pire, on deviendra « potes », que veux-tu…

— « Potes » carrément ? Tu ne peux plus te passer de moi ou quoi ? Ça dépend… Tu promets de participer à la décoration du sapin l'an prochain ?

— Promis !

— Avec le pull de Noël moche et kitsch qui va bien ?

— Oui, promis.

— Alors pourquoi pas !

Je n'aurais jamais imaginé penser ça, mais il faut que je trouve à James un nouveau surnom désormais.

42

La loi des séries

Mercredi 14 décembre

Je n'avais jamais entendu parler des « saponaires officinales ». Jusqu'à ce mercredi, 17 h 23. L'occasion pour moi d'enrichir mes compétences plutôt minces en botanique… Et de déchanter encore une fois.

Ce soir, j'aurais dû faire des câlins à des chatons et des chiots pour oublier l'échec Benjamin, le fiasco James Mercier, et éviter de penser à la soirée d'Alexandre à laquelle j'ai accepté d'aller en tant que sa fausse petite amie. Mais les saponaires officinales s'en sont mêlées. Bali, l'adorable husky du refuge, a ingéré cette plante extrêmement toxique pour les chiens, et Jacqueline l'a conduit en urgence chez le vétérinaire. La séance photo a donc été annulée, et j'ai gagné une soirée en solo.

Mais je décide de ne pas faire que ruminer.

Je me rends donc dans l'un de mes lieux préférés pendant les fêtes de fin d'année : la librairie anglophone *Smith & Son*, rue de Rivoli. Parce qu'on est peut-être très doués en matière de purées aux marrons, d'huîtres et de bûches enrobées de praliné et de chocolat, mais les Anglais sont meilleurs en termes de gadgets et déco. Et surtout, on leur doit l'accessoire obligatoire de toute bonne table de réveillon : je veux bien sûr parler des crackers ! Cette papillote, rouge, verte ou dorée, qu'il faut « craquer » pour découvrir une couronne en papier deux fois trop grande, un jouet qui ira directement à la poubelle, et des énigmes mal traduites et inchangées depuis 2002. Pourtant, le plaisir est au rendez-vous chaque année au moment de respecter cette tradition. C'est une telle institution que la librairie a même pour habitude de réaliser un sapin à partir des diverses boîtes vendues. Sapin que je prends en photo et que je dépouille pour maman tous les ans. Je lui prends aussi une boîte de thé aux couleurs de Kate et William ainsi que des sablés dont les Britanniques ont le secret. Et j'en profite pour acheter le cadeau d'Emma : un coffret Jane Austen composée de ses six romans cultes aux couvertures inédites et colorées.

Et puis, cette parenthèse féerique terminée, je rentre chez moi.

Et là, je commence à ruminer.

43

Alexandre

Jeudi 15 décembre

— Tu as eu Jacqueline, Manon ? me demande James en arrivant au bureau ce jeudi matin.

Ne me dites pas qu'il sait pour le calendrier des chatons et qu'il va se moquer de moi.

— Non, pourquoi ?

— Pour savoir où en était le contrat.

Ouf ! Il ne sait pas.

— Elle n'a pas eu le temps de le relire encore, je crois, mais elle n'oublie pas, lancé-je, un brin blasée par les événements.

— OK, Manon, super. Ça va, toi ? Bonne soirée ?

— Bonne au début puis sans aucun intérêt, et toi ? réponds-je à brûle-pourpoint.

— Mince, tu avais l'air enthousiaste hier après-midi pourtant, j'aurais parié que tu avais quelque chose d'important !

Oui, faire des câlins à des chiots.

— Moi bien, poursuit-il. Je suis allé au sport, mais le mec sympa dont je t'avais parlé n'était pas là, hélas.

Si James finit avec Alexandre, je ne m'en remettrai pas.

— Margaux devait être dispo…, marmonné-je dans ma barbe.

— Comment ?

— Non, je disais : « Merde, il ne devait pas être dispo. »

Au même moment, je reçois un message du mec sympa du sport. Il veut savoir s'il passe me prendre ce soir, et je panique. Je ne me sens pas prête à le côtoyer dans son environnement professionnel, où je serai aussi à l'aise qu'un chien claustrophobe coincé dans un sous-marin.

Mais je n'ai pas le choix.

Manon : Je veux bien si ça ne t'embête pas. Enfin, sauf si tu voulais prendre ta moto. Dans ce cas, je viendrai en taxi, aucun souci.

Alexandre : Non, non, je passe te prendre à 20 heures en voiture si ça te va.

Oui.

Et advienne que pourra.

Il est 19 h 22, et je panique.

Je n'aurais jamais dû me lancer dans cette soirée improbable sans avoir prévenu Fanny et Emma. C'est une énorme connerie. Mais je n'ai plus le temps de tout leur raconter. Je vais m'embrouiller dans mes explications, elles vont me donner des conseils à chaud trop ambitieux, et tout va se mélanger dans ma tête, déjà bien encombrée.

J'espère au moins avoir mis la bonne tenue. Je me doute que les invités seront plus habillés que ceux qui vont aux soirées organisées par l'agence et je ne veux pas paraître hors sujet. J'ai opté pour un pantalon taille haute en soie multicolore et un haut asymétrique noir. Élégant, mais peut-être pas assez classique et passe-partout. Enfin. C'est fait. Et je préfère être moi que de me sentir mal à l'aise et coincée.

Je regarde les minutes défiler, assise sur mon canapé, les bras en l'air pour ne pas trop transpirer. Il fait 3 °C dehors, pas plus de 17 °C chez moi – une sombre histoire de radiateurs mal purgés –, et pourtant, je sens qu'à tout moment une goutte peut couler lentement sous mon aisselle et venir tacher mon top que je ne saurais remplacer. Et Macumba qui n'arrête pas de me coller. Ne mets pas tes poils sur mon pantalon, Chat, s'il te plaît.

Ne pas transpirer, ne pas transpirer.

Allez, Manon, ce n'est pas si compliqué, ça va bien se passer.

Je vais jouer le jeu, rire aux blagues ratées d'inconnus importants, manger des petits fours plus élaborés que le menu de Noël de ma maman, boire deux ou trois cocktails et, à 23 heures, je serai de retour sur mon canapé.

20 h 02

On sonne à ma porte. Merde, il est monté. J'ai supposé qu'il m'enverrait un texto pour me dire de descendre. J'avais prévu de passer aux toilettes, d'essuyer mes aisselles pour la douzième fois, de mettre mes chaussures, de faire une dernière vérification devant mon miroir avant d'enfiler mon long manteau oversize bleu marine et de faire un bisou au chat. Tant pis. Je n'ai pas d'autre choix que de lui ouvrir. Alexandre sourit en me voyant, et je lui dis spontanément :

— Il ne fallait pas monter.

Alors qu'intérieurement j'ai pensé : *Merde, à quel moment je n'ai pas vu qu'il était aussi beau ?* Il porte un costume bleu marine et une chemise blanche. C'est classique, mais pas sur lui. Ses cheveux bruns, eux, sont toujours autant en bataille. J'aperçois deux timides fossettes que je n'avais jusqu'alors pas remarquées. Et ses yeux sont… verts ?

Mais non ? Sérieusement ?!

— Manon, ça va ? Si tu n'es pas prête, je peux t'attendre en bas. J'ai trouvé une place facilement…

Merde, j'ai recommencé. Je me suis perdue dans mes pensées, et plusieurs minutes se sont écoulées.

— Non, non, c'est bon, entre, ne t'inquiète pas. Le temps de prendre mes affaires, de dire « au revoir » au chat, et on pourra y aller. Il fait froid ?

Ça y est, je perds mes moyens.

Je me retourne et souffle en attrapant mon manteau. J'ai chaud, très chaud. Et ce maudit chat qui manque de me faire tomber.

— Arrête, Macumba ! Tu vas avoir tes croquettes, mais ne me fais pas tomber ! pesté-je en m'habillant.

Alexandre se tait, et je continue de parler pour rien.

— Je l'appelle Macumba quand je l'engueule. Parce qu'il déteste. C'était complètement con de ne pas le renommer en l'adoptant. Ce nom est atroce et il ne peut que lui rappeler des mauvais souvenirs, c'est évident.

— Non, mais je comprends, tu avais peur qu'il soit chamboulé, dit-il en prenant Macumba dans les bras.

Merde, j'envie mon chat.

On descend l'escalier, j'ai déjà envie de faire pipi et je n'ai qu'une crainte : enchaîner les conneries. Dans la précipitation, j'ai enfilé ma parka et je me rends compte que j'ai pris mon écharpe kaki… Bon, il n'y a pas réellement de mauvaises écharpes, mais c'est un mauvais choix.

Le premier d'une longue série ?

— Ta tenue… Tu es parfaite ! Et c'est très joli tes cheveux coupés, me complimente-t-il avant de démarrer sa Golf noire.

Non pas que le modèle de sa voiture soit un détail intéressant.

— Merci, c'est gentil. Très beau costume de ton côté… Même si c'est normal pour un avocat.

Si toutes mes réponses sont aussi gênantes, la soirée risque d'être longue.

— Eh oui, comme quoi, je suis vraiment avocat, acquiesce-t-il en souriant, certainement gêné par la nullité de ma phrase.

En tout cas, c'est vraiment cool de m'accompagner, surtout que moi, je n'ai pas assuré avec James. Je suis désolé, c'est ma faute si tu as cru que… Enfin, j'aurais dû vérifier avant de te donner l'information.

—Que veux-tu, tu n'es pas journaliste…

Nul.

Nul.

Nul.

Ressaisis-toi, Manon.

—… Mais l'histoire ne s'est pas trop mal finie : je négocie une promotion. C'est déjà ça. Mais j'aimerais tout de même savoir de qui il parlait à la salle de sport.

—Mais non ? Félicitations ! Si tu as besoin de mon aide côté contrat, n'hésite pas. Je suis meilleur en négociation que pour soutirer des infos. Fanny, elle, va bien nous trouver un moyen de savoir ce qu'il en est.

—Oh oui, je ne m'inquiète pas. Et puis, une bonne nouvelle n'arrivant jamais seule, j'ai aussi réussi à obtenir un bon code de réduction auprès de Premium Croquettes pour le chat.

Anecdote sans intérêt. Mais il y a des embouteillages, on est à l'arrêt et… Non, ce n'est pas une excuse.

Mais je fais ce que je peux !

Alexandre est gentil et il dit :

—N'empêche, il est marrant ce chat parce qu'il paraît gros, mais il est léger finalement.

MERCI ! Enfin quelqu'un qui pense comme moi !

—Mais oui, on est d'accord ! Il ne fait que huit kilos !

C'est la première fois que je révèle à quelqu'un le poids de Macumba.

—Mais j'ai beau le répéter à Mathias, il ne me croit pas.

—Et alors la piste Mathias ? Fanny a fait son deuil ou c'est encore compliqué ?

— Compliqué, tu te doutes. Elle n'est pas prête à lâcher. Comme James avec toi, j'ai l'impression. Il regrette de ne plus te voir, tu sais.

— Ouais, il m'a envoyé un texto hier soir… Je lui ai dit que je m'étais luxé l'épaule. Après tout, on n'est plus à un mensonge près.

Pas faux.

On arrive enfin à destination, *Le Chalet des Îles* dans le bois de Boulogne, et le parking est déjà bien rempli. À peine sommes-nous sortis de la voiture, un collègue d'Alexandre nous interpelle. Costume gris, caban bleu marine, écharpe rouge… Lui non plus n'a pas fait le bon choix, apparemment ! Sa copine Audrey, elle, a osé le collant chair et une paire de talons ouverts. Je suis rassurée. Je préfère être trop lookée que dans le moule et mal habillée. Oui, l'esprit de Noël coule peut-être dans mes veines, mais le collant chair reste interdit, trois cent soixante-cinq jours par an.

— C'est Loïc avec qui je partage la moitié de mes dossiers. Un mec sympa mais bavard et très lourd, m'explique tout bas Alexandre.

— Manon, j'imagine ! crie ce dernier en me faisant la bise alors que je n'ai rien demandé. Ravi de faire ta connaissance. Tu sais qu'Alexandre n'a rien voulu nous dire sur toi à part ton prénom, on a même cru que tu n'existais pas.

Il rit à sa blague, et je comprends ce qu'Alexandre veut dire par « mec sympa mais très lourd ». Loïc ne s'arrête pas et me pose mille questions : mon métier, mon arrondissement, ma couleur préférée, notre rencontre, mon signe astrologique… Le tout avant de conclure :

— Enfin, tu ne souhaites peut-être parler qu'en présence de ton avocat. Ah, je suis bête, il est là !

Si lourd. Et bavard. En effet.

— Eh si ! J'existe et je suis là. Et Alexandre, lui, m'a beaucoup parlé de toi, Loïc, affirmé-je, presque sûre de moi.

— Ah, je suis curieux, il dit quoi ? Que je suis brillant ? Sa source d'inspiration ? Un concurrent ? Non, laisse-moi deviner : les trois en même temps.

Faites qu'il ne nous colle pas toute la soirée, s'il vous plaît, ou je vais finir par lui rentrer dedans à un moment donné.

— Désolée, mais les confidences recueillies sur l'oreiller restent sur l'oreiller, tu sais ce que c'est.

C'est sorti tout seul.

Pour la connerie, c'est fait. *Désolée, Alexandre, je suis bien habillée, mais gênante à souhait.* Et désormais, Loïc va penser que son collègue me parle de lui après avoir couché avec moi. Même si, ça non plus, ça n'arrive pas.

— On y va ? La navette est là, ça serait con de la rater, suggère alors Alexandre pour me tirer du pétrin dans lequel je me suis lamentablement engouffrée.

Pour arriver jusqu'à l'île où se trouve le chalet, il faut prendre un bateau illuminé de lanternes et décoré de houx pour l'occasion. Nous montons dans l'embarcation, et je découvre le temps de la traversée, la végétation florissante et la cascade qui entourent les lieux. Audrey, la copine de Loïc, propose de nous prendre en photo pour « immortaliser ce moment ». Alexandre me lance un regard qui signifie « Comme tu veux », et je réponds : « Avec plaisir, carrément ! » Je tends mon téléphone avant de m'approcher de lui. Il passe sa main derrière mon dos avant de la poser sur ma hanche délicatement. Je dois être raide comme un piquet, car il m'assure tout bas qu'on peut laisser tomber. En réalité, la sensation de sa main sur moi me fait un tout autre effet et, totalement perdue, je m'excuse pour ma dernière gaffe avant de lui promettre de me rattraper.

— J'espère bien ! plaisante-t-il. C'était à peine embarrassant. Je suis sûr que tu peux faire mieux. Tu peux t'inspirer des téléfilms de fin d'année. Tant que des sapins de Noël ou des sablés en pain d'épice ne sont pas évoqués.

Je ris, même si je n'aime pas qu'il parle ainsi de mes romances adorées.

— Il y a bien un film de Noël qui te plaît ?!

Il s'apprête à répondre, mais j'ajoute :

— À part *Maman, j'ai raté l'avion*.

— Ah ! Bon, alors forcément…

— *Le Père Noël est une ordure*, c'est aussi non.

— Merde, bon, ben non ! Je suis désolé, Manon, mais je vais devoir dire « non ».

Il maintient son regard dans le mien, et une espèce de sourire que je ne contrôle absolument pas se dessine sur mon visage.

— Parfait, ces regards amoureux, j'en ai fait plusieurs ! nous lance Audrey, en me rendant mon iPhone.

Audrey porte peut-être des collants couleur chair, mais je l'aime bien. Et j'ai envie qu'elle voie juste. Mais je n'ai pas inventé Margaux.

— Merci, dis-je en m'éloignant de lui.

Nous arrivons enfin, et je découvre l'intérieur du lieu qui n'a de chalet que le nom. C'est magnifique. Deux énormes sapins décorés avec goût trônent de chaque côté de la porte d'entrée, des casse-noisettes géants sont exposés dans les différentes pièces, ainsi que d'immenses bougies qui sentent bon la forêt. J'ai presque l'impression d'être à la maison. En plus grand et plus beau mais, forcément, il y a plus de budget et de mètres carrés.

Alors que nous nous dirigeons vers le vestiaire, je remarque que presque tout le monde est habillé en noir ou en bleu marine, et je regrette d'avoir opté pour autant de couleurs. On ne va voir que moi, c'est sûr, mais Alexandre, qui lit donc dans mes pensées, me répète que ma tenue est parfaitement adaptée.

Photobooth aux couleurs de Noël, stand de vin chaud et autres animations raclette et fondue… La boîte de mon faux petit ami a vu les choses en grand. Et je m'y connais en fondue. Le champagne, lui, semble être illimité et hors de prix, mais au lieu de dire un ennuyeux « C'est magnifique », j'ai sorti :

— Le fromage sent vraiment très bon. Enfin ça me rappelle là où j'ai grandi. À la montagne. Bref, dis-moi comment tu veux procéder ?

— Si ça te convient, je te présente à quelques personnes, et ensuite, promis, tu es libérée de toute obligation. Et tu me raconteras ton enfance au pays de la fondue.

— Oui, oui, pas de souci. Mais on pourra faire l'impasse sur la fondue... Ça ne m'embête pas.

Ça ne m'embête pas ?!

En réalité, Alexandre ne m'a présenté personne. Tout le monde est venu à nous. Enfin à lui. Ses boss, ses collègues, Fred de la compta... J'enchaîne les « Bonsoir, je suis Manon » et autres « Oui, moi aussi je suis ravie de vous rencontrer, j'entends tellement parler de vous » sans trop de difficultés.

Heureusement.

— On pensait qu'il ne se caserait jamais, m'avoue une certaine Juliette, également au service comptabilité, avec qui j'ai sympathisé.

Elle porte d'ailleurs une robe que j'ai repérée et failli acheter. Alors je me décide à lui demander « pourquoi ». Comme si notre goût commun en matière de tenues de soirée pouvait nous rapprocher. Et parce que je la remercie de ne pas avoir prononcé le prénom « Margaux ».

— Alors ça ?! Quand il est arrivé dans la boîte il y a deux ans, toutes les filles ont essayé de lui mettre le grappin dessus. Mais aucune n'a réussi. On se doute bien qu'il vit sa vie, mais il ne lâche jamais rien.

Voilà qui me donne encore plus envie de savoir comment s'est terminée son histoire avec son ex-copine. Même si je me doute qu'elle a mal fini.

Cela fait quarante minutes maintenant que les discussions s'enchaînent avec des gens plus ou moins importants du cabinet. Alexandre ne m'a pas laissée tomber une seconde. Sauf à l'instant pour aller aux toilettes, mais ce détail relève peut-être de son intimité. Audrey s'approche alors de moi pour me proposer une activité à laquelle je ne m'attendais pas.

— Manon, ça te dit de venir faire de la barque avec nous ?

Pardon ? Ils comptent naviguer en pleine nuit ? Alors qu'il doit faire 0 °C ? C'est complètement absurde comme idée, non ?

Et pourtant, je suis actuellement en train de les regarder monter dans les embarcations. Ils n'ont même pas pris la peine d'aller chercher leur manteau. Ça ne peut que mal finir, quand bien même ils enfileraient des gilets ! Comme moi et ma liste de scénarios. J'observe Loïc et les autres s'installer, depuis la terrasse chauffée, en me disant que jamais je ne mettrais un pied là-dedans.

Et c'est à ce moment-là que je l'ai vue : la minuscule tête d'un tout petit chat se débattant pour garder les moustaches hors de l'eau en plein milieu du lac. Les chats n'aiment pas l'eau, mais ils savent nager. Je le sais. J'ai demandé au véto.

Mais pas celui-là. Il est beaucoup trop mignon pour perdre la vie un 15 décembre dans une eau glacée. Bon, peut-être pas glacée, mais froide, assurément. Sans réfléchir, je sors, cours et monte dans l'une des barques attachées près du bord. Elles sont toutes accrochées les unes aux autres, alors je les enjambe afin d'atteindre la plus éloignée. Je fais tanguer les embarcations d'Audrey, Loïc et les autres, qui s'installaient tranquillement. J'entends qu'on m'appelle, mais je ne me retourne pas. Je suis concentrée. Ma mission est simple : sauver cet animal en danger. Une fois arrivée sur le dernier bateau, je décroche la corde puis attrape non sans difficulté la lourde rame. Je la soulève tout en m'asseyant maladroitement, puis je la fais tourner afin de la mettre à l'eau. En vain.

Un énorme bruit me tire de mon état second.

S'ensuit un plouf sonore, puis j'entends des cris au loin. Des « Oh, mon Dieu ! » catastrophés et des « Qu'on appelle les pompiers » sont prononcés.

Merde, ma pagaie a rencontré un obstacle imposant et humain.

Mais non ?

J'avais certainement une chance sur dix mille, mais j'ai réussi à assommer quelqu'un.

44

Le coup de pagaie

C'est une catastrophe.

Toujours sans réfléchir, je jette ma pagaie et saute à mon tour dans l'eau afin de repêcher la malheureuse personne que j'ai fait tomber… malgré moi. Dieu merci, elle n'a pas coulé, ou alors le lac n'est pas assez profond. Je la serre contre moi et me dépêche de sortir sa tête encore immergée. Merde, c'est Alexandre. Je lui crie :

— Tiens bon, je vais te ramener sur la terre ferme !

Et je me surprends à penser que j'y arrive presque sans effort.

— Manon, je vais bien, me répond-il calmement.

Ah ! Contrairement à ce que j'imaginais, Alexandre n'a pas perdu connaissance, et moi, je me suis une nouvelle fois ridiculisée. Je me rends compte alors que mes mains entourent son torse – ou plutôt l'étouffent – et je desserre rapidement mon étreinte.

— Tant mieux ! Pardon, pardon, je ne sais pas ce qu'il s'est passé.

— Je crois que tu m'as assommé avec une pagaie, plaisante-t-il.

C'est vraiment la cata.

Je n'arrive pas à en rire. Même moi je n'aurais pas pu prédire un tel fiasco. Loïc et une autre personne nous aident à sortir de l'eau. Je constate qu'en plus de ma dignité j'ai perdu une chaussure dans la bataille. L'assemblée nous regarde à la fois choquée et soulagée. Le chat, quant à lui, est hors de danger :

le fourbe sait en fait nager et je le vois me narguer, alors qu'il s'enfuit dans la forêt.

— Tout le monde va bien, rassure Alexandre. Manon a voulu sauver un chaton qui ressemble à Macumba, son chat.

Il a osé révéler son prénom. Mais je ne peux pas lui en vouloir. Il me regarde en souriant et poursuit :

— … Ou se débarrasser de moi, je ne sais pas ! Peut-être que j'aurais besoin d'un bon avocat, ironise-t-il. Enfin, si je ne meurs pas de froid.

La foule se met à rigoler et à applaudir avant de se disperser entre la piste de danse et le buffet. Et moi, je sens mon corps qui commence à grelotter. Forcément, une fois l'adrénaline envolée, il ne reste que le froid. Et la honte, mais la honte ne tue pas. Deux hôtesses courent vers nous et nous tendent des couvertures pour nous réchauffer. À moins que, dans mon cas, ça ne soit aussi pour me cacher ! L'un des patrons d'Alexandre s'approche pour nous prévenir que les pompiers sont en route. Mesure de sécurité. Mon faux petit ami assure qu'il n'est pas blessé, mais je lui ai tout de même assené un sacré coup de pagaie.

— Je… Je ne sais plus où me mettre, je suis désolée, lui répété-je alors que le propriétaire des lieux nous apporte du thé et du vin chaud, tout en nous indiquant l'endroit où attendre les secours.

Près d'un radiateur, merci mon Dieu.

— Tu es blessé ? Dis-moi ce que je peux faire ou ne pas faire pour arranger ce désastre, s'il te plaît ?

— J'ai connu mieux, mais promis, ça va. Et je crois que tout le monde t'adore officiellement. Jolie, sociable, drôle et amie des animaux… Ça va être compliqué de…

« De… » ?

— … Enfin, ne prends pas froid surtout, mets bien ta couverture sur toi. Tu veux que j'en demande une deuxième ?

« De… » ?

Je ne le saurai jamais. Audrey, ma nouvelle meilleure amie, m'annonce qu'elle part chercher des affaires chaudes et son sèche-cheveux dans la voiture de Loïc. Elle avait prévu de dormir chez lui, donc elle a de quoi faire. Merci, mais s'il s'agit de collants chair, non merci. Je suis méchante, je plaisante. Enfin, je ne sais plus : à cause du froid, mon cerveau est totalement anesthésié.

Nous sommes à nouveau seuls, et Alexandre se met à éponger ses vêtements. Il enlève sa veste, trempée, et je ne peux m'empêcher de le regarder se sécher comme il peut. Et c'est à ce moment que Gabriel, pompier de son état, est arrivé. Je n'ai pas eu le temps de dire quoi que ce soit qu'il m'a emballée dans ces fameuses couvertures en aluminium doré – c'est Noël après tout – avant de me poser des questions sur l'accident.

— Non, mais ce n'est pas moi qui me suis pris le coup de pagaie, c'est lui, dis-je en pointant du doigt Alexandre, qui est en train de retirer ses chaussures certainement foutues.

Le pompier me fait m'asseoir sur le côté afin d'examiner la « victime ». Je m'éloigne pour le laisser opérer, tout en prenant le thé chaud qu'on m'a préparé.

— Eh ben ! Vous avez remporté haut la main le prix de la meilleure anecdote de la soirée…, plaisante Audrey, revenue de sa petite virée. Tout le monde ne parle que de vous.

Je ne l'ai même pas vue arriver, concentrée à regarder celui à qui j'étais censée rendre service se faire ausculter. Gabriel prend ses constantes, checke longtemps ses pupilles et lui fait faire plusieurs tests. Alexandre semble se plaindre au niveau du torse – c'est officiel, je l'ai étouffé – et il commence à déboutonner sa chemise.

Il ne faut jamais plaisanter avec les mesures de sécurité.

— Manon, tu es pétrifiée ! Viens, je t'emmène aux toilettes, tu vas te sécher et te changer !

Non, je ne veux pas le quitter des yeux alors qu'il peine à enlever sa chemise. Je me surprends même à penser que je devrais aller l'aider… Oh merde, mon cerveau a définitivement grillé.

— Manon, tu es sûre que tout va bien ? Tu vas être malade, tu es vraiment pâle, viens te changer, insiste Audrey à côté de moi.

— Euh… Oui, oui, j'attends juste de savoir si Alexandre va bien.

Je l'ai lâché du regard pendant trois secondes pour répondre à Audrey. Trois secondes, et je constate amèrement que Gabriel, le pompier, me gâche désormais la vue. Enfin non, il fait son métier tout en me gâchant la vue. Je n'ai pas d'autre choix que d'y aller. La copine de Loïc me prête un tee-shirt blanc, un jogging gris, et le hoodie assorti. Et des Converse montantes bleu marine. J'ai été mauvaise langue. Ses affaires sont parfaites : sèches, confortables et jolies.

Dix minutes plus tard, je rejoins mon faux petit ami qui est toujours entre les mains du pompier.

— Bon, on va emmener votre mari à l'hôpital, me dit ce dernier. Il ne semble pas y avoir de traumatisme crânien, mais c'est la procédure. Il fera un scanner et il sera surveillé cette nuit. Je m'entretiens avec le propriétaire des lieux, remballe mon matériel, et on est partis.

D'accord.

Je m'approche de mon « mari » et découvre l'impressionnant hématome sur son visage, qui s'est formé durant mon absence. Merde, je ne l'ai pas raté.

— Tout va bien alors ? Tu as un sacré bleu, désolée. Et tu avais l'air de te plaindre de douleurs au ventre…

— Oui, mes côtes me font un peu mal, mais rien de grave…

— Je pensais que tu étais inconscient, j'essayais de te sauver de la noyade… après t'avoir assommé.

Rien ne va dans cette phrase. Ce que je viens de formuler est totalement aberrant, et on se met à rire tous les deux. Moi, nerveusement.

— Ne t'inquiète pas, ce chat méritait bien qu'on finisse à l'eau pour essayer de le sauver. Manon, mon portable est mort… Je… Si tu peux me prêter le tien, je vais juste appeler quelqu'un…

Margaux ?

— … Et je ne vais pas pouvoir te ramener, je suis désolé. Prends un taxi, je te rembourserai. Ou je te laisse mes clés de voiture si tu n'as pas trop bu.

Peut-on revenir à Margaux au lieu de parler alcootest et notes de frais ?

— Tu sais, je peux venir avec toi. Mais si tu préfères que quelqu'un d'autre te rejoigne là-bas, je comprendrai, lancé-je sans réfléchir.

— C'est gentil, mais ne t'inquiète pas, je vais me débrouiller. Ça va aller pour rentrer, toi ? Prends le numéro de Loïc, il s'assurera que tu es bien arrivée chez toi.

— Oui, oui, ne t'inquiète pas, je ne comptais pas prendre une barque.

Si seulement mon manque de repartie avait pu rester au fond du lac. Lui. Malgré tout, il rit, avant d'éternuer et de me lancer en souriant :

— J'ai passé malgré tout une très bonne soirée, Manon. Courte mais intense ! Même ce coup de pagaie, c'était… rafraîchissant, dirons-nous ! Moi qui voulais me fondre dans la masse en venant accompagné.

Très drôle !

— Je ne sais plus où me mettre. Heureusement pour toi, je serai black-listée l'an prochain, réponds-je, dépitée.

— Au contraire, tu plaisantes ? Tu seras l'invitée d'honneur, oui. Ils ne voudront plus que toi.

Je lui tends mon téléphone avant de m'éloigner pour lui laisser un peu d'intimité. Et je l'entends dire : « Oui, c'est moi. Je sais que je te dérange, mais j'ai besoin de toi. »

Formidable.

En revenant à mes côtés, il me dit, gêné :

— Un certain Georges vient de t'appeler. Désolé, je crois que je lui ai raccroché au nez par erreur.

Le doute n'est plus permis. Georges le fait exprès !

— Pas de souci. Ce n'est pas très important.

— Il ne rentre dans aucun scénario, lui ?

Et là, j'ai réalisé qu'à neuf jours de Noël il fallait que je prenne mon destin en main. Alors, au lieu de lui avouer que Georges était mon voisin de palier de soixante-dix-sept ans, j'ai osé un :

— Si, si, mais je crois que je préfère donner des coups de pagaie.

Alexandre esquisse un sourire. Enfin, je crois. Le moment dure quelques secondes à peine et il est brisé par Gabriel le pompier qui lui fait signe de monter dans son camion. Il me fait promettre de tenir Loïc informé de mon retour chez moi, et je répète que je suis désolée pour la cinquantième fois.

23 h 00

Je suis à la maison, sur mon canapé, et je viens d'appuyer sur le bouton « envoyer » pour prévenir Loïc. Au même moment, Mathias me demande comment se déroule la soirée et si j'ai besoin de quoi que ce soit.

Je veux me cacher sous ma couette et ne plus jamais en sortir.

Et mon chat qui me nargue parce que Alexandre l'a pris dans les bras.

Lui.

Manon : Tragique, je l'ai assommé avec une pagaie, et il est tombé à l'eau à cause d'un chaton. Il est en train de faire un scanner à l'hôpital. Non, ce n'est pas une blague, mais, s'il te plaît, on en parlera demain. Je veux oublier là.

Mathias : Tu l'as assommé ? Je pleure ! Attends, c'est une super anecdote à raconter à vos petits-enfants, ça. Ma Manon, tu es unique et exceptionnelle. Il n'y avait que toi qui pouvais réussir cet exploit. Et c'est toujours un premier pas. N'hésite pas. À minuit ou demain matin, je suis là.

Peut-être.

Mais, sans mauvais jeu de mots, j'aurais préféré ne pas faire de vagues.

Cette fois.

45

Refaire le film et pleurer

Vendredi 16 décembre

Vingt-quatre heures se sont écoulées depuis le « coup de pagaie », et je n'ai toujours pas de nouvelles d'Alexandre.

Je lui ai envoyé un message, mais je me doute qu'il n'a pas dû avoir le temps de réparer son téléphone ou d'en acheter un nouveau et, en plus, je ne dois clairement pas être sa priorité. J'avoue, j'ai tapé sur Google : « Une carte SIM mouillée peut-elle encore fonctionner ? » Réponse du moteur de recherche : « C'est possible, mais il y a de grandes chances pour que l'eau l'ait trop endommagée. » Super. Si ça se trouve, il a peut-être même été contraint de changer de numéro. Et, contrairement à celui de Margaux qu'il connaît donc par cœur, il est évident qu'il ne se souvient pas du mien. Enfin. J'étais tellement dépitée aujourd'hui que lorsque James m'a demandé comment j'allais, j'ai encore failli tout lui raconter. Mais je me suis retenue.

Je me suis refait le film de cette soirée écourtée une vingtaine de fois. J'ai repensé à la popularité d'Alexandre, à la facilité déconcertante avec laquelle il est allé vers tout le monde, à la manière dont il m'a présentée, aux regards qu'il m'a lancés plus d'une fois pour me dire : « Tout va bien ? Ce n'est pas trop pénible pour toi ? » et même à sa façon de danser avec Bénédicte, assistante de cinquante ans, qui pratique le collé-serré.

Je l'entends me dire que ma tenue est parfaite avant de me rappeler, honteuse, combien je me suis ridiculisée, même s'il a essayé de me rassurer. Je suis aussi mal à l'aise en songeant à notre étreinte forcée. Si nos corps se sont touchés, on était bien loin d'un moment de grâce ou d'intimité. Dire que je l'ai agrippé sous les aisselles puis tiré avec force, tout en lui hurlant dans les oreilles. Non, il n'a pas pu aimer cet instant. Pire, il a certainement préféré porter Macumba, c'est dire… Et ce satané chat qui se moque de moi parce qu'il a vécu un moment privilégié. Lui.

Ça n'a aucun intérêt, mais j'imagine également la tournure qu'aurait pu prendre la soirée si je ne l'avais pas assommé. Aurait-on dansé tous les deux ? Loïc, trop alcoolisé, aurait-il insisté pour qu'on s'embrasse devant lui ? Et, si oui, l'aurait-on fait ? Alexandre m'aurait-il raccompagnée ou juste commandé un taxi ?

— Tu as vu, Manon, j'ai mis un pull de Noël pour te faire plaisir ! Il te plaît ?

James Mercier me sort de mes pensées.

Cela doit faire cinq bonnes minutes que je suis immobile, mon gobelet de champagne à la main, au beau milieu de l'open space agité à l'idée de démarrer le Secret Santa.

J'ai beau adorer Noël, je n'ai jamais été trop fan de ce concept. Surtout au bureau. Peut-être parce que j'ai toujours peur d'ouvrir mon cadeau et de faire une tête qui se rapproche plus de « Mais c'est quoi cette merde ? » que de « Mais non ? Merci beaucoup, j'en rêvais ». D'une certaine manière, ce moment m'a toujours oppressée.

Comme j'ai certainement oppressé Alexandre dans l'eau.

Et voilà que je me remets à repenser à cette funeste soirée.

— Manon, tu es avec moi ?! Tu ne veux pas ouvrir ton cadeau ?

Mais non ? Il y a forcément quelqu'un là-haut qui se joue de moi.

Je ris et je pleure à la fois.

James Mercier m'a piochée.

46

Secret Santa

Et le pire, c'est qu'il ne m'a pas offert n'importe quoi.
Non, il a réfléchi.

— J'imagine que tu n'es pas ravie que je sois ton Secret Santa, mais j'espère que ça te plaira, m'a-t-il lancé en me tendant son cadeau.

J'ai bafouillé : « Je n'en doute pas » avant de découvrir une paire de chaussons transparents antidérapants.

— Je ne savais pas si tu en as déjà. C'est pour l'aquagym : ça permet de ne pas glisser et de mieux faire les mouvements.

Je souris.

Parce que c'est personnalisé et gentil.

— Non, non, je n'en avais pas. Merci, James, réponds-je, en essayant d'oublier Alexandre et le coup de pagaie un instant.

— Comme quoi, je t'écoute et je m'intéresse vraiment à toi en réalité.

— Attention, il ne faudrait pas que tu t'attaches trop à moi. Et oui, très beau pull de Noël. Je note l'effort. Enfin ! Et alors Maud t'a offert quoi ? Que je rigole un peu ? Et que je vérifie qu'elle n'a pas triché côté budget ?

Notre stagiaire a opté pour une carte cadeau de 10 euros.

Nul, totalement nul.

Je ris. Ça valait le coup d'interroger toute la boîte pour avoir des infos !

James Mercier, tu n'auras jamais la chance de coucher avec moi, mais je te souhaite de m'avoir un jour comme Secret Santa.

Parce que je ne suis pas du genre à offrir une carte cadeau impersonnelle d'un magasin d'électroménager.

N'est-ce pas, Sylviane de la compta ?!

47

Le meilleur est à venir

Samedi 17 décembre

Comme tous les samedis, je ne peux pas m'empêcher de me demander pourquoi je me suis inscrite à un cours d'aquagym à 9 heures du matin ! Et, comme tous les samedis, je meurs d'envie de rester au fond de mon lit. Il fait gris, et je préfèrerais regarder une bonne petite comédie à la télé. Car oui, il semblerait que ma surprenante aversion pour les comédies romantiques soit en train de me passer.

Non, je n'ai aucune envie d'y aller. Je suis enrhumée, les filles vont me questionner, et Alban, lui, va nous crier dessus pour « éviter d'accumuler trop de graisses » avant les fêtes de fin d'année. Oui, parce que Alban est « body positive », mais pas trop. « Il faut accepter votre corps, se justifie-t-il. Mais il faut surtout l'aimer, non ? »

Certes.

Une fois n'est pas coutume, Rose, Fanny et Emma m'attendent devant la piscine. Elles doivent penser que j'ai touché le fond. J'arrive à leur niveau, et elles me prennent dans leurs bras pour un câlin géant.

— Si c'est pour me consoler de mes échecs en série, rassurez-vous, je vais bien, leur promets-je tout en me mouchant. Et vous allez rire, regardez ce que m'a offert James Mercier, alias mon Secret Santa.

Et encore, elles ne savent rien de ma tragique soirée, avec… Manon arrête d'y penser.

Étrangement, le cours me fait du bien. J'oublie mes péripéties sentimentales et je me concentre sur ma cellulite que je sens bouger dans cette eau à 28 °C sur une playlist spéciale « Noël » concoctée par Alban. La mienne est meilleure, mais il a tout de même bien travaillé. Et mon ennemi juré ne s'était pas trompé : ces chaussons antidérapants sont de qualité. La sortie est plus rude, les douches sont glaciales – un 17 décembre, vraiment ? – alors je prends le temps de bien me sécher les cheveux pour ne pas aggraver mon cas.

S'ensuit notre désormais traditionnel débrief à *La Rotonde*. Baptiste nous a gardé notre table et quatre pains au chocolat parce que « la demande est folle le samedi matin ». À peine sommes-nous assises, Rose remet en doute le carré à la Jane Fonda que Fabio s'apprête à réaliser cet après-midi, et nous la rassurons du mieux que nous pouvons. Même Baptiste est convaincu du résultat.

— Prête pour demain ? l'interroge Emma, enthousiaste.

— Oh oui, mes chéries. Je vais peut-être me porter la poisse, mais je suis sûre qu'il sera au rendez-vous.

Je n'en doute pas. Car Rose est une excellente héroïne de comédie romantique. Et elle boit même un thé de Noël, un vrai, qui sent fort la cannelle. Beaucoup trop pour les gens comme moi qui détestent ça.

— … Et que le meilleur est à venir. Vraiment, je…

Une sonnerie de téléphone l'interrompt. Elle cherche son mobile pas tout à fait nouvelle génération dans son élégant sac à main en déclarant :

— J'espère que c'est Alexandre. Il devait venir avec nous à l'aquagym aujourd'hui, mais je n'ai pas de nouvelles depuis jeudi. Qu'il est tête en l'air, celui-là…

Je ne commente pas, mais j'espère également que c'est lui. Car, moi aussi, je suis sans nouvelles depuis jeudi.

— Ah non, c'est un texto de Margaux ! s'exclame alors Rose.

Parce qu'elle la connaît ?!

— Qui ça ? demandé-je le plus naturellement du monde.

— Margaux, sa meilleure amie.

J'ai dû mal entendre.

— Flûte ! poursuit Rose. Alexandre n'a plus de téléphone. Mais il passera bien me chercher demain à 9 heures. D'ailleurs, Manon, tu viens aussi, n'est-ce pas ?

— Oui, oui, je serai là, ne vous inquiétez pas.

C'est donc sa meilleure amie.

Seulement ? Pour l'instant ? Leurs sentiments ont peut-être évolué, et Rose n'est pas au courant. Je ne peux pas m'empêcher de repenser à la phrase que Marie a lancée à Mathias l'autre jour. « *C'est toujours le meilleur ami.* » Elle doit avoir raison. Si Mathias et moi sommes l'exception, cela veut dire que Margaux et Alexandre, eux, finiront ensemble très bientôt.

48

Bons et mauvais scénarios

Dimanche 18 décembre

Lorsque j'arrive dans l'appartement de Rose ce dimanche, des émotions contradictoires se bousculent dans ma tête. Une seule évidence : je ne suis officiellement pas du matin. La joie de voir mon amie si excitée par son rendez-vous prend malgré tout le dessus sur la gêne à l'idée de revoir Alexandre.

Rose m'ouvre la porte. La coiffure de Jane Fonda lui va à merveille, et je sais que la seule chose qui la retient de danser de joie à mes côtés est la crainte de froisser son tailleur parme parfaitement ajusté. Je n'ose l'embrasser de peur d'abîmer son maquillage, mais je lui tire une nouvelle fois mon chapeau d'avoir osé recontacter, cinquante-cinq ans après, son meilleur ami. Elle minimise évidemment avant de m'annoncer que nous avons du temps pour discuter, car son petit-fils n'est pas encore arrivé.

— Si tu as besoin d'un conseil ou d'un avis, je suis là, ma belle, me lance-t-elle en préparant son sac à main. Tu sais, cette histoire de liste, ce n'est pas si important. Tu n'as qu'un mot à dire aux filles et moi, et on n'en parle plus.

— Merci, Rose ! Pour le moment, je gère, c'est promis. Au fait, vous avez réfléchi à ce que vous allez dire à Lucien une fois que vous serez réunis ?

— Absolument pas. Une banalité, j'imagine ? Ou « Tu n'as pas changé » ? me répond-elle en riant.

Quelques minutes plus tard, on sonne à la porte. Rose me demande d'y aller afin de pouvoir se « pomponner » une dernière fois. Je m'exécute à la fois fébrile et contente de savoir comment il va. Je lui ouvre et je constate que l'énorme bleu sur sa joue droite ne s'est pas estompé. C'est même pire.

— C'est impressionnant, mais ce n'est pas bien méchant, m'assure-t-il en souriant.

— Et ta tête ?

— Ma tête ?

— Pas de choc ? De traumatisme crânien ?

— Non, rien, tout va bien. Je t'assure, Manon, mais tu peux me poser une question pour vérifier…

J'en ai bien une qui me vient, mais ce n'est ni le lieu ni le moment.

— Le pire scénario possible, toutes comédies romantiques confondues ?!

— Il y a encore trois jours, je t'aurais dit « partager la dernière chambre d'hôtel avec une inconnue », mais je vais changer pour « jouer les faux couples avec un lac à proximité », lâche-t-il en riant.

Mon cerveau tente d'analyser sa réponse. Il estime donc que nous étions jeudi soir dans une comédie romantique, mais que le scénario était… mauvais ?!

Encore une fois, c'est catastrophique.

— Les jeunes, je suis prête, nous interrompt Rose sans même remarquer la blessure de guerre de son petit-fils.

C'est seulement dans l'ascenseur qu'elle aperçoit l'hématome. Et pousse un cri de panique.

— Ne me dis pas que tu t'es battu ?!

— Mais non, pas du tout. Je me suis pris une pagaie en pleine tête.

— Vraiment ? Ou tu mens pour ne pas m'inquiéter ?

— Vraiment !

— Mais qui t'a fait ça ? Et comment ? Un coup de pagaie, c'est n'importe quoi !

— C'est une longue histoire, grand-mère, mais ce n'est pas le moment, concentre-toi sur Lucien.

Voilà.

Ce n'est pas le moment.

Le trajet se fait en silence dans la fameuse Golf noire d'Alexandre. Mais préciser notre moyen de locomotion n'a toujours aucun intérêt. Reléguée à l'arrière, je peux malgré tout sentir que Rose est à la fois concentrée et nostalgique. Au fur et à mesure que l'on se rapproche de Melun, elle se perd un peu plus dans ses souvenirs. Alexandre trouve une place rue du Général-de-Gaulle à quelques mètres du lieu de la rencontre. Nous avons quinze bonnes minutes d'avance, mais Rose veut se dégourdir les jambes.

Je crois qu'elle préfère attendre qu'être attendue.

Je descends avec elle de la voiture et la prends par la main, puis nous marchons toutes les deux vers le banc installé devant la maison qui a remplacé la célèbre chaîne de magasins.

— Sacré Alexandre ! Il a l'air encore plus à l'ouest que d'habitude, non, tu ne trouves pas ?

Je sais qu'elle pense à son petit-fils pour tromper son cerveau, mais ça ne m'arrange pas.

— Ah oui ?! Je ne sais pas trop, je n'ai pas remarqué…

— J'appellerai Margaux. Il y a quelque chose. La fille dont tu m'as parlé…

Ce n'est pas le moment de lui dire que la fille en question est Margaux et qu'elle est, d'après moi, sa petite amie désormais.

— D'ailleurs, pourquoi ne pas avoir demandé à Margaux des infos directement ? Après tout, c'est sa meilleure amie…

— Justement ! C'est sa meilleure amie et elle ne le trahit jamais.

Formidable. Ils sont unis jusqu'à la mort. Pile ce qu'il me fallait.

Rose s'assied sur son banc. Elle boit un petit peu d'eau puis referme sa bouteille en tremblant. L'émotion prend le dessus, et elle me fait comprendre que je peux y aller. Je la serre dans mes bras et je lui souhaite de vivre les retrouvailles qu'elle a imaginées dans ses rêves les plus fous. Puis je retourne à la voiture. Je monte à l'avant, et le silence s'installe à nouveau. Mais Alexandre brise la glace. Encore une fois.

— J'ai reçu une tonne de messages élogieux à ton égard, au fait. Tous mes collègues t'adorent comme prévu. Encore merci, Manon.

— D'avoir joué ta petite amie, ou de t'avoir assommé et presque noyé ?

— Les deux, les deux à vrai dire.

Le pire, c'est qu'il a l'air sincère.

— Ta nuit à l'hôpital s'est bien passée ?

— Oui, ça a été. Je t'avoue qu'au début les infirmières et mon compagnon de chambre ne m'ont pas cru. Mais mon crâne va bien. Et je n'ai même pas attrapé froid. Contrairement à toi, apparemment…

— L'aquagym hier ne m'a pas aidée ! Tu vas raconter quoi à Rose ? Elle m'a dit que Margaux l'avait prévenue que tu avais eu un souci de téléphone. Ça et ton hématome, ça fait beaucoup.

Oui, j'introduis comme je peux celle dont il ne peut plus ne pas me parler.

— Je n'ai pas vraiment menti tout à l'heure, tu me l'as bien donné, ce coup de pagaie, après tout. Je pense que ça suffira. Pour le téléphone, je dirai juste que je l'ai cassé. D'ailleurs, je ne l'ai remplacé qu'hier, c'est pour ça que je n'ai pas pu envoyer de message avant.

— Et qui est Margaux ?

C'est lâché. Il le fallait.

— Margaux, c'est ma…

— … Attends, c'est lui, tu crois ?

Un homme d'un certain âge s'approche de Rose. Costume beige, col roulé bleu marine et béret assorti sur la tête, il est élégant et marche d'un pas enjoué vers le banc où est assise Rose.

Il n'y a pas de doute.

Lucien a répondu présent.

49

Les retrouvailles

Rose se lève alors que Lucien n'est plus qu'à un mètre d'elle. J'aimerais tellement pouvoir entendre leurs premiers mots. Il semblerait pourtant qu'aucun des deux n'ose briser le silence de cet instant. Ils s'observent, se sourient avec les yeux, et les larmes montent. C'est Rose qui fait finalement le premier pas et prend Lucien dans les bras. L'étreinte dure un long moment... La tension est palpable jusque dans l'habitacle où nous suivons la scène. J'essuie moi aussi quelques larmes, et Alexandre desserre enfin le volant qu'il étouffait de ses deux mains. Je le regarde attentivement. Ses yeux sont embués, et leur propriétaire semble soulagé de voir que sa grand-mère ne va pas avoir le cœur brisé.

— Tu crois qu'on va assister à leur premier baiser ? ne puis-je m'empêcher de demander.

Il sourit et me répond que, connaissant sa grand-mère, il est surpris que ça ne soit pas déjà arrivé.

— L'expérience scientifique de Fanny aura eu du bon ! Et ça nous prouve une fois de plus que, quatre-vingt-dix-huit pour cent du temps, c'est le meilleur ami.

Oui, malheureusement, je ne sais toujours pas filtrer mes pensées.

— C'est vrai que c'est souvent ça, mais...

« Mais... » ?

— … mais je suis quand même déçu. Maurice me plaisait bien ! Ça va être difficile pour lui d'apprendre que grand-mère a quelqu'un…

— C'est sûr. À moins qu'il ne me soit destiné finalement, poursuis-je, blasée.

— Comment ?

— Non, non, rien. Je disais une connerie. Je veillerai sur lui à l'aquagym, ne t'en fais pas.

— Oui, et je vais venir avec vous aussi, c'est prévu.

Il ne me lâche pas des yeux, mais ce moment est brisé par une vibration de téléphone.

Si c'est Georges, j'efface son numéro et je ne lui confie plus jamais la garde du chat !

— C'est le boulot, me dit Alexandre. Désolé, je dois répondre.

Un dimanche matin ?

Il faut que je profite de ce temps pour trouver comment le questionner sur Margaux, mais au même moment Rose me fait signe. Je sors de la voiture et retrouve mon amie qui me présente l'« homme de sa vie »…

— Enchantée, Lucien. Ravie de vous connaître enfin, dis-je, émue. Et merci d'être venu surtout !

— Quand j'ai lu la lettre de Rose, je n'en suis pas revenu… Cinquante ans se sont écoulés, mais moi non plus je n'ai rien oublié. Merci de l'avoir aidée à me retrouver et d'être venue avec elle. De mon côté, c'est mon petit-fils qui a fait le trajet avec moi…

Lucien se tourne vers une autre voiture garée un peu plus loin. Et je reconnais le conducteur. Je n'en reviens pas. C'est Arthur, le petit-fils de Lucien, alias Monsieur art abstrait. Je ris intérieurement. Parce que je connais déjà bien trop d'informations sur lui et parce qu'il est pas mal du tout. Le casting de mon film de Noël est vraiment parfait ! Contrairement à la fin, très certainement…

Lucien fait les présentations, puis Alexandre nous rejoint alors que je suis en train d'immortaliser les jeunes tourtereaux ! Une fois au complet, je demande, enthousiaste, quelle est la suite des événements. Rose et Lucien aimeraient se balader dans les rues de Melun. Avant de déjeuner ici, à Paris ou n'importe où tant qu'ils sont tous les deux.

— Je n'ai rien de prévu cet après-midi, je peux rester avec vous de loin et je vous raccompagnerai quand vous voulez, propose Alexandre.

— Super, ça m'arrange, rebondit Arthur. Je suis en pleine préparation d'une expo à la galerie et j'avoue que je suis assez pressé. Manon, j'en profite pour te ramener ?

Mon regard croise celui d'Alexandre. Je sais ce que je devrais lui dire. « C'est gentil, mais je préfère rester aussi ! » Mais rien ne sort. Une nouvelle fois.

— Parfait ! Un chaperon nous suffit largement, se réjouit alors Rose, qui veut donc caser son petit-fils avec tout le monde… sauf avec moi.

Pire, alors qu'Arthur embrasse son grand-père, Rose me glisse à l'oreille : « Il est pas mal du tout, celui-là encore, non ? Et artiste en plus ! », en me faisant un clin d'œil. Je rêve ou elle me savonne littéralement la planche ?

— Mais non, Rose, ne dites pas n'importe quoi. Alexandre, je peux te parler cinq minutes avant d'y aller, s'il te plaît ?

Ça y est : j'ai provoqué une opportunité.

Reste à savoir de quoi.

50

Surnoms et art abstrait

— Je n'en reviens pas que tu ne nous aies rien dit ! s'insurge Fanny, choquée. Pourquoi, Manon, pourquoi ? Surtout que j'avais souligné la première fois qu'il avait du potentiel, et j'avais même suggéré que tu joues les faux couples avec lui.

J'ai enfin tout raconté aux filles, et une chose est sûre, elles n'avaient pas vu venir cette intrigue-là. Je leur ai montré ma conversation avec Alexandre avant de leur révéler notre sortie jeudi dernier et la fin tragique associée : le coup de pagaie dont je ne souhaite plus jamais parler. Je redoute leurs conclusions, mais j'ai besoin de les sonder et j'espère secrètement que Fanny élaborera un nouveau plan pour m'aider. Phrase que jamais je n'aurais imaginé formuler.

— Bon, vous en pensez quoi ? Je me fais un film si j'y crois ?

— La priorité, c'est de lever la dernière inconnue du dossier, répond Emma, pragmatique comme toujours. Tu es sûre que Margaux est sa petite amie ?

— Non. Officiellement, c'est « juste » sa meilleure amie. Mais c'est elle son fameux rendez-vous du mercredi, et initialement, c'est avec elle qu'il voulait aller à sa soirée. Et surtout, elle décroche pour lui au téléphone lorsqu'il est sous la douche… Sans compter que quatre-vingt-dix-huit pour cent du temps, c'est le meilleur ami.

— Non mais si ça se trouve, il n'y a rien entre eux ! Comme Mathias et toi ! Regarde, j'étais convaincue que vous finiriez ensemble, et au final… pas du tout. Rose dirait qu'il faut en avoir le cœur net ! Et supposons qu'elle soit bien sa petite amie, ça n'empêche pas qu'il peut avoir des sentiments pour toi, poursuit Fanny, toujours aussi optimiste. Tu veux que je vérifie habilement ?

Certainement pas.

Je connais ma copine. Elle ne fait pas dans le « habilement », et je me suis déjà assez ridiculisée comme ça. Il doit y avoir une solution pour savoir qui elle est vraiment. Subtilement. Sans dévoiler mon ressenti, pour ne pas dire mes sentiments.

Je ne l'ai juste pas encore trouvée.

Bien évidemment, notre échange de ce matin à Melun n'a rien donné, sinon je n'aurais pas appelé mes copines, désemparée, en ce dimanche après-midi pluvieux. Lorsqu'on s'est retrouvés en tête à tête tout près de sa Golf noire (avec laquelle j'ai grand espoir de partir un jour en vacances) quelques heures plus tôt, je suis restée muette et Alexandre m'a lancé :

— Alors, Arthur, c'est quel trope ?! Je ne suis pas sûr de deviner !

— Il est artiste, ai-je répondu le plus naturellement possible. Reste à vérifier s'il peint ou expose des croûtes affreuses, et on sera fixés.

Alexandre a ri avant de demander ce dont je voulais lui parler. Alors, maladroitement, j'ai bredouillé :

— Je me disais… Comme tu m'as dit que tu avais passé une bonne soirée l'autre jour, je voulais… Enfin, si jamais tu as besoin de moi pour jouer ta petite amie à nouveau, n'hésite pas.

Catastrophique. Mais mieux que rien. Je crois.

— OK, merci, c'est gentil, a-t-il déclaré

— Voilà, c'était tout. Bon, ben je vais y aller, j'ai de la route avec Monsieur art abstrait !

Et il m'a dit :

— Manon ?

J'ai enchaîné par :

— Oui ?

Puis il m'a demandé, surpris :

— Tu donnes un surnom à tous les mecs qui entrent dans ta vie ?

Alors, je lui ai révélé :

— Souvent, oui. Je ne sais pas pourquoi. On fait tous ça, non ?

Et il m'a posé une nouvelle question…

— J'en ai un, moi ?

… à laquelle j'ai lamentablement répondu.

— Non, toi… non ! Tu es juste Alexandre, le petit-fils de Rose. Enfin pas « juste » dans le sens…

Bref, j'ai réussi à empirer la situation.

Mais il a été gentil, comme toujours, et il a conclu par :

— J'ai compris, « juste Manon ». Et merci pour ta proposition. Pour le moment, il n'y a rien de prévu avant la garden-party guindée de l'été, mais je te fais signe si jamais.

Puis Rose est revenue vers nous avec Lucien, et elle a déclaré vouloir aller voir son ancienne maison. Elle m'a ensuite prise dans ses bras et m'a remerciée longuement.

— On en a fait du chemin tous les trois depuis mon malaise et la clinique des Lilas, a-t-elle lancé, émue, à Alexandre et moi, avant de demander s'il était prêt à partir.

Ce dernier a affirmé : « Je crois que oui » en cherchant mon approbation, et j'ai terminé notre échange par un pitoyable :

— Oui, oui, c'était juste pour te dire ça.

« *Juste* ».

Encore et toujours.

Je suis ensuite montée en voiture avec Arthur. Et j'ai eu le droit à un monologue sur les différences majeures entre l'abstraction géométrique et lyrique à l'issue duquel j'ai eu envie de pleurer et de crier. Et c'est à ce moment précis que j'ai compris qu'il fallait appeler du renfort. Mon renfort. Emma et Fanny.

Je leur ai donné rendez-vous dans un café cosy près de chez moi. Je me suis affalée dans l'un des fauteuils clubs en cuir patiné et j'ai dévoré un cookie et un *latte* caramel machiatto. Sans supplément cannelle, évidemment.

Ça m'a fait du bien de vider mon sac auprès de mes deux meilleures amies. Et, pour une fois, je suis même soulagée d'entendre Fanny me rabâcher ses grandes théories.

— Bon, il faut agir là, Manon ! insiste-t-elle.

— Mais c'est peine perdue, non ? Et si Rose ne me l'a jamais présenté, c'est qu'il doit y avoir une raison.

— Ou pas…, m'assure Emma. Rose n'a pas l'air de bien maîtriser la vie sentimentale de son petit-fils.

— Oui, et surtout il faut croire au destin ! C'est forcément lui qui a mis Alexandre sur ton chemin. Sans cette expérience, on n'en serait pas là. Avec Alexandre dans ta vie. Donc maintenant, on ne reste pas les bras croisés, on agit.

Si Fanny le dit.

51

Des papillons dans le ventre

Benjamin : J'ai décidé d'agir !! Je me suis inscrit sur les applis.

Quand j'ai reçu ce texto de Benjamin à 21 heures, j'ai souri. Et j'ai supposé que lui aussi a un ami de type « Fanny » qui l'encourage dans la vie. Je suis contente de lire que mon ancien camarade de lycée se relance dans le grand bain des rencontres amoureuses. Après tout, sa fiancée ne reviendra pas et ça ne peut pas lui faire de mal de se changer les idées.

Benjamin : Tu veux pas te lancer avec moi ? Ça pourrait être marrant, non ?

Non, Benjamin. Non, ce qui serait « marrant », c'est qu'Alexandre partage mes sentiments. Pas que je matche avec Raphael94 parce qu'il aime, comme moi, le tiramisu et les chiens.

Je décline, mais je ne sabote pas son enthousiasme. Personnellement, l'expérience des réseaux m'a refroidie. Trop de temps passé à discuter avec des inconnus, trop de premiers textos gênants, trop de *dates* auxquels je voulais partir en courant, trop de « Bon, ben je vais y aller maintenant… »

Benjamin : Toi qui as de l'humour, tu ne me trouverais pas une tournure pour détourner le caractère… peu glamour de mon métier ?!

Ah, parce qu'il compte évoquer dans sa bio Tinder sa spécialité, la gastro-entérologie ? Je retire ce que j'ai dit, Benjamin n'a pas de Fanny dans sa vie !

Manon : Tu es sûr de vouloir en parler ? Moi, je mettrais juste « médecin », comme ça les filles voudront en savoir plus. Restons mystérieux, non ?

Comprenez vendeur, mais je ne veux pas le brusquer.

Manon : Ça plus des photos, ça sera parfait. Enfin, fais-moi plaisir, supprime celle où tu as flouté ton ex Sophie, hein !

Mais Benjamin ne m'a pas écoutée. Enfin, pour la photo, si. Mais il a tenté un trait d'humour foireux. Et je n'ai pas osé le contredire.

Je ne m'attendais pas à ça. Enfin, je ne m'attendais à rien. Mais encore moins à ça. Benjamin a écrit juste en dessous de sa photo (son portrait officiel sur Doctolib, où il pose fièrement en blouse blanche dans son cabinet) : « Les filles, sans me vanter, les papillons dans le ventre, c'est ma spécialité. »

Et j'ai ri.

Parce que c'est catastrophique et mignon à la fois.

C'est Benjamin Recoli.

52

Prête-moi tes abdos

Une fois mon échange avec Benjamin terminé, je continue à attendre un texto. D'Alexandre, je n'ai pas besoin de préciser. Et, bien entendu, il n'arrive pas. Parce qu'à six jours de Noël, c'est apparemment trop demander de voir un miracle se réaliser.

Mais j'attends. Dans mon canapé, dans ma baignoire, en somnolant, en égouttant mon sachet de thé, en donnant des croquettes à Macumba, qui me nargue toujours, je le vois. Même en allant faire pipi, je tends l'oreille au cas où le doux bruit d'une sonnerie ou d'une vibration viendrait briser le silence de cette soirée.

Ce qui se produit finalement ! À ça près que c'est Jacqueline qui me contacte.

Depuis l'incident avec Bali, elle n'a pas eu de temps à consacrer à la réalisation du calendrier, et j'ai supposé qu'elle avait renoncé à l'idée. J'avais tort. Dans son message, elle me propose de passer demain dans la journée si j'ai un moment.

Je suis en RTT, donc c'est parfait. Surtout si Alexandre compte adopter un animal en ce lundi 19 décembre et qu'il a choisi le Refuge de l'espoir pour sauver la vie d'un animal abandonné.

N'importe quoi ! Mais ce n'est pas vraiment ma faute si mon cerveau a vrillé. J'ai mis en fond une nouvelle comédie romantique. Comme si mon cœur avait besoin de battre niaisement pour quelqu'un, par procuration. Dans ce cas précis, pour Josh, menuisier spécialisé dans les traîneaux, dont la grange abandonnée est mieux décorée que mon 35 m^2.

Allez savoir pourquoi, en lisant la proposition de Jacqueline, je décide de mettre en application la consigne de Fanny, à savoir : « Agis, Manon, agis. »

Et j'envoie un texto à mon ancien ennemi juré pour lui ordonner de m'aider, sûre de moi. Après tout, j'ai été bien sympa avec James et je n'ai toujours pas de retour quant à ma future augmentation.

Manon : J'ai besoin de toi demain entre midi et deux pour un projet. Tu m'es redevable. Tu n'as pas le choix.

J'ajoute :

Et prends ton pull de Noël, sait-on jamais.

Techniquement, je n'ai besoin que de ses abdos. Mais il n'était pas utile de le lui préciser.

Il m'a répondu dans les minutes qui ont suivi, le très inspiré :

J'aime quand tu me parles comme ça, Manon. Compte sur moi.

J'ai levé les yeux au ciel, tout en me rendant compte que c'était plutôt une bonne chose d'avoir un James Mercier dans ma vie.

J'ai passé le reste de la soirée à finaliser la séance photo de demain. J'ai retravaillé les ambiances en fonction des saisons et préparé quelques accessoires rangés dans un gros tote bag posé au milieu de mon entrée pour ne pas l'oublier.

Même si ce n'est pas le plus important.

Non, les vraies stars, ce sont les bébés animaux.

Et les abdos saillants de James Mercier.

53

Tout le monde aime James Mercier

Lundi 19 décembre

— Tu veux que j'enlève mon pull et ma chemise alors qu'il fait 2 °C ?!

Lundi, 12 h 47 : je découvre avec surprise que l'intrépide James Mercier est frileux.

Lorsque je lui ai raconté mon projet : à savoir prendre quelques photos de chiots et chatons lovés sur son torse musclé, mon ancien ennemi juré, pourtant professionnel de la communication, n'a pas vraiment aimé l'idée. Il a eu peur d'attraper la grippe, mais je ne me suis pas démontée. Je lui ai dit de garder son bonnet, son écharpe, et tout ce qu'il voulait, car je ne compte prendre en photo que ses abdos. J'ai ajouté qu'il n'avait pas le choix. Et que, s'il ne le faisait pas pour moi, il devait au moins le faire pour les animaux.

Bilan ? Il est 13 h 23, et toutes les bénévoles du refuge et Armand regardent James déboutonner sa chemise en velours côtelé.

— Tu ne crois pas que, pour le mois de décembre, il pourrait aussi enlever le bas ? m'a demandé – pour ne pas dire supplié – Jacqueline que je n'avais jamais vue comme ça.

Mais j'ai refusé.

Car, contrairement à Chloé Maignot et Jacqueline en roue libre devant le torse de mon ex-ennemi juré, je ne considère pas

James comme un objet. Prendre en photo ses abdos n'est pas l'utiliser, car il les expose à longueur de temps sur ses réseaux sociaux. Et, au final, j'ai même fait le choix de le « rhabiller » pour le dernier mois de l'année ! Les acheteurs le découvriront en effet torse nu, son pull de Noël autour du cou.

À 14 h 24, James me donne raison :

— Manon, tu peux me prendre une photo en pied de moi et Youpi, le corgi, s'il te plaît ? Je la posterai sur Insta en mode carte de vœux. De l'humour, un chiot, des abdos, et un message engagé… Ça sera parfait pour ma communauté.

J'espère qu'il me créditera.

Et le pire dans tout ça, c'est que les animaux l'adorent. Tous les chiens, tous sans exception, sont venus le voir et lui faire des câlins. Même Bali m'a snobée pour aller dire bonjour à James Mercier !

Mais je ne suis pas jalouse.

Enfin, je crois.

Et ce n'est pas le sujet.

Non, le sujet, c'est que le calendrier va être parfait. Que Jacqueline va récolter beaucoup d'argent pour le refuge. Et qu'il va pleuvoir des likes sur le compte Instagram de James Mercier.

Quant à moi, j'ai fait des tas de câlins à des bébés chiens et, pendant quelques heures, j'ai – presque – réussi à oublier Alexandre.

Alexandre, à qui j'ai révélé ne pas avoir attribué de surnom. Contrairement à James, Benjamin, et même Arthur que je ne remercie pas d'être venu accompagner son grand-père hier matin.

Alexandre, à qui j'ai asséné un coup de pagaie devant toute son entreprise en pleine soirée.

Alexandre, qui pense être un second rôle insignifiant dans un mauvais scénario.

Mauvais scénario qui n'est autre que ma vie.

54

Une urgence surprenante

Mardi 20 décembre

Étonnamment, je me réveille bien décidée à tirer le meilleur de cette journée. Je ne me l'explique pas. C'est certainement d'avoir rendu service à Jacqueline, d'avoir géré ce projet inédit et d'avoir bien ri avec les équipes du refuge qui avaient improvisé un apéro de Noël après la séance photo.

Rose nous a aussi appelées dans la soirée pour raconter ses retrouvailles avec Lucien. Un récit détaillé à la minute et à l'émotion près. Notre partenaire d'aquagym et son ami d'enfance ont passé l'après-midi de dimanche à se remémorer leurs souvenirs, main dans la main. Puis ils se sont raconté leurs parcours de vie très différents, même si tous deux nourrissaient le même rêve : se retrouver et s'avouer leurs sentiments. Ce qu'ils ont fait ! Lucien l'a raccompagnée en bas de chez elle, puis ils se sont embrassés. Et tendrement, il lui a glissé à l'oreille : « Ne nous précipitons pas, nous avons tout notre temps maintenant. »

C'est donc requinquée par ce happy end que j'aborde ma matinée. Je vais être proactive – comme si « active » ne suffisait pas – et tenter de suivre les conseils de mes deux meilleures amies. Le premier signé Fanny : « On trouve une solution pour dire à Alexandre ce qu'on ressent ! » et le second, du Emma tout craché : « Et on profite pleinement de la soirée de Noël de Premium Croquettes. Tu adores cet événement, tu ne vas pas passer à côté pour un mec que tu ne connaissais même pas il y a un mois. »

Elles ont raison.

Je sais.

Je vais passer une excellente soirée. Boire un bon cocktail, danser, et récupérer les cadeaux qu'on m'offre chaque fois. J'espère qu'ils feront encore mieux que l'an dernier : une brosse massante pour Macumba, un mug à son effigie pour moi.

Toujours allongée dans mon lit, j'attrape mon téléphone et ouvre ma conversation avec Alexandre. J'essaie de verbaliser ce que je ressens, mais tout ce qui me vient doit absolument être censuré. D'abord, j'ai pensé à : « Au fait, ça ne te dirait pas qu'on ait la même fin que Rose et Lucien ? » ; puis : « Ça me va de ne plus jamais regarder de téléfilms de Noël à tes côtés » ; et enfin : « Je ne serais pas contre partager la dernière chambre disponible de n'importe quel hôtel avec toi. » Mais je ne peux pas lui écrire ça. Jamais. Lâche, je jette mon téléphone et file sous la douche avant de choisir la bonne tenue pour ma soirée. Je ne repasserai pas à la maison, donc j'opte pour une blouse en soie rose, une jupe taille haute noire pailletée et des baskets que je troquerai ce soir contre des talons. Je me maquille légèrement plus que d'habitude. Et ça va de soi : mieux que quand j'étais ado !

Ma matinée se déroule calmement. Mais, à midi, Rose nous envoie un message inquiétant.

Rose : J'ai besoin de votre aide ! Si vous pouvez prendre une pause, rendez-vous à 12 h 45 au 23, rue Tronchet. Vous me sauveriez, merci !!

Après être passée par les vitrines des grands magasins qui me font toujours autant rêver qu'à l'âge de huit ans, j'arrive à l'adresse indiquée par notre amie. Fanny est déjà là. Et elle traîne devant la devanture d'une boutique de lingerie… qui correspond au numéro que Rose nous a donné. Ce n'est tout de même pas l'objet de son urgence ?

Si.

— Ah, les filles, merci d'être venues, nous lance-t-elle en descendant de son taxi. Figurez-vous que Lucien vient dîner ce soir à la maison, et j'ai une grosse hésitation. Je suis perdue niveau lingerie ! Je la joue sobre ou je lui sors le grand jeu ?! Dans tous les cas, je me suis rendu compte que je n'avais rien d'assez bien dans mes penderies pour un tel enjeu. Depuis la mort de Pierre, je me suis laissée aller. Il faut que j'achète des ensembles, et vous allez m'aider.

Je n'en reviens pas. Enfin ça ne m'étonne absolument pas de Rose à qui j'espère ressembler à soixante-quinze ans. En plus d'avoir le même appartement.

Au même moment, une moto se gare sur le bas-côté. Alexandre, son air pressé et ses cheveux toujours plus ébouriffés, nous rejoint, paniqué.

Alexandre est là, et je suis « bien ». Lorsqu'il s'approche de nous, je commence à transpirer comme s'il faisait 35 °C, mais je suis jolie, bien habillée, maquillée. Oui, je suis « bien » et je ne vais pas me détester pendant dix ans d'avoir eu la flemme de me préparer ce matin.

Je repense au texto d'Emma. Cette femme a toujours raison. Et c'est officiellement mon ange gardien.

— Grand-mère, tout va bien ? demande Alexandre, inquiet.

— Non, mon chéri ! Je n'ai plus de lingerie. Mais qu'est-ce que tu fais là, toi ?

— Je suis venu comme tu nous l'as écrit.

— … Ah bon ? Non, je ne pense pas… Enfin, attends… Ah, mince, je me suis trompée de groupe, avoue-t-elle, confuse, en regardant son téléphone aux touches pour géants.

— Donc tout va bien ? Il n'y a pas d'urgence ?

— Non… Enfin si, de lingerie ! Lucien vient dîner, et j'espère qu'il va passer la nuit chez moi et j'aimerais lui faire… forte impression. Enfin, tu vois.

— Non, je ne vois pas, grand-mère. Enfin si, j'imagine, mais je… Bon, je n'ai rien à faire là. Fanny et Manon vont t'aider. Je vais y aller.

— Je suis désolée, mon petit chéri, mais si tu as le temps, attends-moi, on ira déjeuner tous les deux après. À quatre jours de Noël, tu ne dois pas avoir tellement de boulot, si ?

Vingt-cinq minutes plus tard, trois « parures », comme dirait la vendeuse Barbara, sont encore en lice. Dans la cabine, Rose est perdue ; quand bien même la lingerie n'aurait ici aucun rôle à jouer. Surtout que son corps, sculpté par l'aquagym, est absolument sublime.

— Vous savez quoi ? Je vais prendre les trois ! Après tout, j'espère que Lucien ne va pas me déshabiller qu'une seule fois, finit-elle par décider.

Du grand Rose.

Alors qu'elle s'apprête à payer, je sors discuter avec Alexandre, poussée par Fanny, pour ne pas dire obligée, voire menacée.

— Je croyais que tu avais presque arrêté ?! Tu fais ce que tu veux, mais permets-moi de te rappeler que ce n'est pas très bon pour ta santé…

Alexandre écrase immédiatement sa cigarette, sourit et me dit :

— Certes ! Mais je ne suis pas sûr qu'attendre sa grand-mère qui essaie de la lingerie pour son futur amant soit plus conseillé.

— Non, je reconnais. J'imagine que ton cœur va lâcher si je te dis qu'elle a pris trois ensembles : doré, rouge passion et violet.

— Je n'ai pas les mots, Manon, bredouille Alexandre, choqué et amusé. Si tu pouvais m'assommer à nouveau, je crois que je ne dirais pas « non ».

— Ce n'est pas sur commande, désolée.

— Tant pis pour moi ! Au fait, j'ai checké et il n'y a pas de soirée prévue bientôt au boulot, mais je me disais qu'on pourrait aller dîner cette semaine, enfin si tu as le temps… Ou même ce soir si tu es libre ?

Mais non ? Reste calme et accepte.

Sans oublier Margaux.

— Oui, bien sûr, quand tu veux. Enfin pas ce soir, non, j'ai la fête de Noël de la marque de croquettes pour laquelle je travaille, tu sais…

Cette fête que j'aime tant. Mais qui tombe au pire moment.

— Eh oui, la fameuse ! Jeudi ?

— Oui, jeudi, parfait !

La discussion est coupée par Rose qui nous fait signe à la porte du magasin. Et elle tient un… boxer dans la main !

— Tu veux que je te le prenne, mon chéri ? Tu fais quelle taille, déjà ?

Mais non, elle a osé.

— Toujours non pour m'assommer ? me lance Alexandre, désespéré. S'il te plaît, va lui dire de payer au lieu de m'humilier. Ah, et, au passage, tu pourrais lui faire promettre de ne rien me révéler de ses nuits avec Lucien ?

— Je vais essayer, oui.

— Merci !

Oh non, merci à Rose et à son urgence lingerie.

Grâce à elles, on se voit jeudi.

55

Le mystère Margaux

— Manon, tu pars à Strasbourg jeudi revoir Chloé ! Je sais, à deux jours de Noël, ça fait chier, mais on n'a pas le choix. J'ai facturé le double, et elle a accepté. Tu feras l'aller-retour dans la journée.

Lorsque Marc est passé à mon bureau m'annoncer la nouvelle cet après-midi, j'aurais pu m'étouffer avec mon café.

— Ce jeudi ? Mais pourquoi ? Il y a un souci avec le plan marketing qu'on a proposé ?

— Non, pas du tout. Mais elle a décidé d'improviser un défilé de Noël et elle voudrait que tu sois à ses côtés !

— Moi ou James ? ne puis-je m'empêcher de demander.

— Toi, Manon. Elle ne m'a parlé que de toi.

C'est bien ma veine.

Je me doute que mon expertise n'est pas à l'origine de son choix.

Alors pourquoi ?

Merde.

Merde.

Merde.

Et Alexandre ? Bon, ça ne sert à rien de paniquer. « Agis », me répéterait Fanny.

Je me dépêche de regarder les horaires des trains qui doivent être déjà bondés. Pleine d'espoir, je cherche un billet en fin d'après-midi. Mais rien. Tout est complet. Aucun départ avant

20 h 48. Je vais arriver à Paris au mieux à 23 heures, je ne peux pas lui proposer qu'on se voie ensuite, ça sonne désespéré.

Je reste positive et lui propose de se voir mercredi.

Il n'est pas libre.

Évidemment.

Il a un gros « dossier » à finaliser pour jeudi matin au bureau. De mon côté, je ne peux pas ne pas me rendre à la fête de Noël de Premium Croquettes ce soir. Et puis Emma a raison : j'adore cette soirée !

— Manon, tout va bien ? me lance James qui passe par là.

— Non, j'ai une contrariété mais…

— Je peux t'aider ?

— Non, je ne pense pas. À moins que tu ne puisses assister à ma place au défilé de Chloé Maignot jeudi pour que je puisse voir…

Ouh là, qu'est-ce qu'il me prend ?!

— Attends, attends, ça m'a l'air croustillant, j'adore ! Pour voir qui ? Alors comme ça je n'étais pas le seul mec intéressant ?

— Je ne peux pas te racont… Oh, et puis après tout, après ce que tu m'as fait, je peux bien te dire la vérité. Assieds-toi, tu n'es pas prêt.

Et je lui déballe tout.

Il ne s'indigne pas de mon mensonge, il ne se met pas en colère, il rit juste. Beaucoup. Avant de conclure :

— Manon, je n'en reviens pas ! Je vois que tu t'es rapidement remise de ne pas avoir pu coucher avec moi. Mais mes abdos te remercient pour ces compliments. Quand bien même, par ta faute, ils ont attrapé froid au refuge lundi.

Oui, j'ai vraiment tout déballé.

— Très drôle ! Mais pourquoi avoir dit à Alexandre que ton statut sentimental s'apprêtait à changer, aussi ?! Noémie est plus qu'un plan cul, finalement ?

Je m'excuse de réduire Noémie à un plan cul. Et j'espère que sa famille ne la reconnaîtra pas.

James semble n'avoir aucune idée de ce dont je veux parler.

—Ah ! À la salle de sport ?! se souvient-il enfin. Ah non, mais j'ai menti. Il y avait cette nana hyper insistante qui écoutait notre conversation, alors j'ai inventé ce truc sur le moment.

—J'ai honte.

—Mais non, il ne faut pas. Enfin, j'avoue, l'infiltration, il fallait oser. Bon, alors quel est le souci avec Alexandre ? Propose-lui une autre date, non ?

—Mais il n'y en a pas. Ce soir, j'ai la fête de Premium Croquettes et, demain, il est occupé... S'il m'a proposé qu'on dîne ensemble, ça veut peut-être dire que j'ai encore une chance et que Margaux ne lui a pas mis le grappin dessus, mais...

—Attends, Margaux, sa meilleure amie ?

—Oui, pourquoi ? Il t'a parlé d'elle ? Souvent ? Comment ?

—Oui, mais alors, je t'arrête tout de suite, Margaux est sur le point de se marier avec... Anass, le mec qui partage sa vie depuis cinq ans. Et il est témoin.

—Mais non ?

—Mais si. Tu vois, ça aura au moins servi à ça de demander à Alexandre de m'espionner ! plaisante James.

Mais oui ! Mais oui ! Et merci, ma Rose, d'avoir proposé cette idée saugrenue. Margaux n'est pas sa petite amie. Le soulagement. Mais donc, ça veut dire qu'Alexandre... n'a personne dans sa vie ?

—D'ailleurs, si tu veux que j'enquête à mon tour pour toi, n'hésite pas. Mais s'il t'a proposé de dîner avec lui, alors que tu l'as assommé et fait tomber dans l'eau devant l'intégralité de sa boîte en pleine soirée, je pense que tu n'en as pas besoin, poursuit celui qui lit apparemment dans mes pensées.

Je le remercie. Pour l'information et pour ce boost de confiance en moi. Et puis aussi pour notre aventure à la mairie du 15e arrondissement.

— Ils se sont retrouvés dimanche, et Rose ne s'était pas trompée ! Ses sentiments étaient réciproques. Alors merci, conclus-je.

— Tant mieux ! J'espère que je serai invité au mariage, plaisante mon ancien ennemi juré.

— Tu seras mon + 1, lui réponds-je, amusée.

Si on m'avait dit un jour que James deviendrait mon associé…

56

On n'est plus à une boulette près

Mercredi 21 décembre

Nous sommes désormais mercredi.

Le « jour d'après ».

De mon côté, rien de fou fou à signaler.

On a retourné le problème dans tous les sens avec James. En vain. Et j'ai été contrainte d'annuler mon dîner avec Alexandre. On a ensuite passé bien trente minutes à analyser sa réponse. Un « Pas de souci ! Courage pour le boulot. J'espère qu'elle ne va pas t'obliger à essayer d'autres robes de mariée. On remet ça bientôt », qui m'a laissée sur ma faim. Parce qu'il n'y a pas plus flou et rageant que l'adverbe « bientôt ».

Heureusement, la fête de Noël de Premium Croquettes était géniale. Et, comme d'habitude, dog friendly ! Sans surprise, ma route n'a pas croisé celle d'un adorable célibataire golden retriever, propriétaire d'un chien du même nom, mais j'ai bien dansé et accueilli chaleureusement les nombreux compliments sur mon travail, reçus tout au long de la soirée. Côté cadeaux : un distributeur de croquettes dernière génération pour Macumba et un joli plaid pour moi. Enfin jusqu'à ce qu'un certain chat ne décrète qu'il ne m'appartient pas…

Et puis, le meilleur pour la fin, Rose et Lucien, eux, ont sauté le pas. Pas de « bientôt » à l'horizon de leur côté. Non, les amoureux ont vu leur rêve se réaliser « hier soir ». Clair et précis.

Bien sûr, Fanny n'a pas pu s'empêcher d'ouvrir le bal des potins ce matin, en envoyant le très inspiré :

Fanny : Alors, Rose, Lucien aurait-il été médecin dans une autre vie ?

J'ai ri et, spontanément, j'ai envoyé un texto à Alexandre dans la foulée !

Fais-moi signe si tu veux que je vienne (encore) t'assommer.

Mais il n'a pas compris...

Hello Manon. Non, ça va là ! Pourquoi tu dis ça ?

Et je me suis sentie bien con.

Parce qu'en fait Fanny avait écrit dans l'autre conversation. Celle initialement utilisée pour me caser avant les fêtes de fin d'année. Je lui ai expliqué ma bourde, et il m'a répondu : « Ça promet ! Je parie qu'elle va vous envoyer des photos. » Et ça n'a pas manqué. Trente minutes après le message de Fanny, Rose nous a envoyé – dans le groupe avec son petit-fils cette fois – une photo floue et mal cadrée de Lucien sortant de la douche, torse nu et en serviette, légendée : « Nuit magique ! Et très courte si je suis honnête, hihi ! »

Alexandre : Elle a recommencé ! Je te l'avais dit. Il faut vraiment qu'elle arrête de prendre des photos de gens à leur insu, quand bien même elle vient de passer la nuit avec eux. Et ce torse mouillé : suis-je donc le seul type à savoir se sécher correctement ?

Réfléchis, Manon. Le terrain est glissant, mais intéressant. Il ne faut pas déraper. Enfin si. Mais bien.

Sans me ridiculiser.

Fanny aurait osé un truc du genre : « Ah bon ? Et ça donne quoi ? » pour qu'il envoie une photo. Et c'est très malin, mais je ne le sens pas, car je ne suis pas Fanny. Emma l'aurait joué plus rigolo avec un : « Mais non ? C'est fou, moi aussi ! » Alors j'ai essayé de remixer leurs idées en ajoutant ma personnalité. Et ça a donné une catastrophe malheureusement envoyée :

Manon : Je crois qu'on tient la raison de ton célibat ! Demande à Lucien de te montrer comment faire ! Tu réussiras à les mettre dans ton lit, comme ta grand-mère.

Pourquoi ?

Ce n'est pas un message, mais un assemblage honteux de mots, malaisant au possible. Ai-je éteint mon téléphone pour ne jamais lire la réponse d'Alexandre ? Absolument. Mais, à 12 h 30, James a voulu comprendre pourquoi Chloé n'avait pas pu me joindre de la matinée. Et je lui ai encore une fois tout raconté.

— Non mais, Manon, tu vas bien devoir affronter la réalité. Laisse-moi regarder le texto à ta place si tu veux, mais il faut arrêter de faire l'autruche, là. Allez ! Donne-moi ce téléphone.

C'est officiel : James Mercier est là pour m'aider.

— Alors, ce n'est pas si cata ? lui demandé-je en me cachant les yeux. Il a envoyé une photo de ses abdos ?

— Non, ça, c'est ce que j'aurais fait moi. Mais c'est bien. Je n'ai pas tout compris, mais c'est bien. Manon, s'il te plaît, concentre-toi avant de répondre cette fois.

Alexandre : Tu as raison, c'est certainement l'explication ! La prochaine fois, je ferai le coup de la douche et du « Je ne sais pas me sécher ».

Alexandre : Pas à ma grand-mère, évidemment.

Je ris. Et je me mets à taper !

— Tu es sûre que tu ne veux pas mon aide, Manon ? m'interrompt James, inquiet.

Mais non, James, je gère, c'est promis.

57

Quelqu'un a un Uno ?

Jeudi 22 décembre

Je ne gère rien du tout.

Quand je pose mes fesses sur le siège 45 de la voiture 3 de mon TGV qui a pour destination Strasbourg, je repense à tout le chemin parcouru depuis le début de notre petite aventure avec Rose, Fanny et Emma. Certes, l'amour n'est pas encore au rendez-vous, mais nous avons rayé pas mal de possibilités.

Je me demande à quelle sauce Chloé Maignot va me manger aujourd'hui – espérons qu'elle et sa générosité n'essaient pas encore de me sublimer – lorsque Fanny envoie un message dont elle a le secret !

Fanny : Alors, Manon, ça te fait quoi de revenir là où tout aurait pu basculer avec James si une gastro ne vous avait pas séparés ??

Ma copine et son humour légendaire !

Manon : Si tu savais, Fanny ! Moque-toi, mais j'avais failli lui ouvrir en serviette. Je vous trouve dures, on pourrait estimer que ce scénario est validé !

Fanny : Certainement pas !!!!!!

Manon : Dois-je te rappeler que Noël est dans deux jours, Fanny ?

Fanny : Ça ne change rien, et ne dis pas que je n'ai pas de cœur, ce n'est pas vrai. Mais je veux des RÉSULTATS.

J'aurais aussi dû rappeler à Chloé Maignot que Noël est dans deux jours, car elle n'a toujours pas changé de déco. Pas de rouge ni de vert à l'horizon, mais toujours cette écœurante odeur artificielle de pot-pourri et ce blanc si froid des murs au plafond dans le lieu choisi pour son défilé. Un lieu sombre par-dessus le marché et difficile d'accès. Mais je ne commente pas, je ne suis là que pour « regarder » et « approuver ». Si je décide cette fois-ci de ne pas la complimenter, je n'en reste pas moins faux-cul et je la remercie pour sa confiance. L'occasion pour elle de m'humilier à nouveau.

— Ma pauvre Ninon, je n'avais pas vraiment le choix ! Je n'allais tout de même pas faire revenir James Mercier après le fiasco de notre dîner.

— Le fiasco ?

J'étais obligée de demander.

— Oui, je me suis sentie mal… Enfin, je ne préfère pas en parler.

Pas de doute, l'intoxication alimentaire l'a aussi frappée.

Bien fait !

J'ai la sensation qu'elle se repasse le film en boucle et qu'elle regrette amèrement d'avoir choisi les moules marinées ou que sais-je qui était mal cuit ou avarié. Mais bon, c'est ce qui s'appelle le karma !

Je passe sous silence notre après-midi à bosser la préparation du défilé. Et, au sujet de ce dernier, je dirai juste qu'il était digne des téléfilms diffusés l'après-midi : c'est-à-dire ringard et à petit budget. Heureusement, une fois repartie, j'ai eu le temps d'acheter des kouglofs pour moi. Et Sylviane de la compta.

Il est 20 h 48 quand je monte dans la voiture 4 du train qui me ramène à Paris. Place 12 cette fois-ci, dans un carré « famille » à laquelle je n'appartiens pourtant pas. La petite Nora et sa grande sœur Jade, accompagnées de leur père, m'ont l'air sympathiques, mais je sens que ça va être long. Sauf s'ils me proposent de faire un Uno. C'est mon jeu préféré, et je suis très douée. Le train quitte la gare, et je prends le temps de raconter aux filles mon tête-à-tête avec Chloé Maignot. C'est certes bien moins passionnant que le troisième rendez-vous de Rose et Lucien, mais c'est tout ce que j'ai. Il l'a emmenée faire une croisière en bateau-mouche, car à défaut d'avoir pu voyager dans le monde entier, il souhaite jouer avec elle les touristes amoureux à Paris, la ville où ils auraient dû s'aimer toute une vie. Je n'ai pas le pied marin, mais je reconnais que c'est romantique. Surtout à quelques jours des fêtes, qu'ils vont célébrer ensemble pour la première fois. Dire que moi, cette année, je vais passer Noël en solo… J'étais persuadée que ça ne me ferait rien, car c'est une « exception » qui méritait d'être faite pour faire plaisir à ma maman. Mais je redoute de me retrouver seule avec Rudolf, Macumba et mes tranches de saumon fumé. Enfin… Pour revenir à Rose : depuis la photo volée de Lucien en serviette, notre amie ne s'est pas laissée aller à de nouvelles confidences intimes, et je dois avouer que je suis soulagée.

Quarante minutes après notre départ, le trajet déraille ! Ma famille de train est en plein « Qui est-ce ? » lorsque Patrick, le conducteur, prend la parole pour déclarer : « Madame, Monsieur, mauvaise nouvelle ! Dans quelques minutes, nous allons devoir nous arrêter en pleine voie. Un arbre est tombé sur les rails trente kilomètres plus loin. Je vous tiens rapidement informés du temps que ça va prendre pour redémarrer. »

Forcément.

Et Paul, le barista, il ne pourrait pas nous offrir des *latte* et des cappuccinos gratuits voiture 3, au moins ? Tout le wagon se met à rouspéter. « On est foutus, un arbre, ça ne se relève pas comme ça », assure mon voisin de derrière, apparemment garde forestier, et Nora demande à son papa « si l'arbre va bien ». Il lui jette un regard qui veut dire : « Ma chérie, si tu savais comme il nous fait chier, cet arbre, en réalité », mais il lui répond : « Oui, oui, ne t'inquiète pas, il avait juste envie de se reposer. »

Dans un premier temps, je ne m'agace pas plus que ça, je suis surtout déçue de ne jamais savoir si le personnage à trouver était bien Sarah, cheveux blonds au carré, lunettes et gilet rouge carmin. Contrairement à mes collègues de wagon qui voient déjà leurs fêtes de Noël gâchées, je suis plutôt blasée. Ce n'est pas comme si une soirée trépidante m'attendait.

Quinze minutes plus tard, Patrick reprend le micro, mais il ne donne pas le chiffre qu'il nous avait promis. Non, il dit : « La nouvelle est plus mauvaise que prévu, on ne va pas pouvoir repartir. Il n'y a pas de câble assez solide à notre disposition pour soulever l'arbre sur notre voie. Vous allez être évacués, et des cars vous emmèneront jusqu'à Steinbourg où il vous faudra trouver un autre itinéraire. Au nom de la SNCF, je vous présente nos sincères excuses et vous souhaite un joyeux Noël. Malgré tout. »

Au début, j'étais assez contente de la situation. Retourner à Strasbourg, et avoir l'opportunité de découvrir enfin la « capitale de Noël » sous la neige, comme l'a annoncé mon appli météo, me semblait une bonne option. Mais ensuite, j'ai entendu quelqu'un dire : « Steinbourg ? Sérieusement ? Ce trou paumé… » Et j'ai déchanté.

Quelques instants plus tard, Patrick – le micro donc greffé à la main – précise l'ordre d'évacuation. « On commencera par la voiture 20 d'ici une bonne heure et demie. »

Forcément... James Mercier n'est pas dans le train, et ma soudaine chance avec la SNCF a tourné.

Je tente un « Vous n'avez pas un Uno par hasard pour faire passer le temps ? » auprès de mon voisin de train, mais il ne rit pas. Je ne sais pas si le père de Nora et Jade est célibataire, mais je ne l'ajouterai pas sur ma liste, lui.

Je cherche une solution pour rentrer chez moi. Aucun train au départ de Steinbourg ne me ramènera à Paris d'ici samedi matin. Et il est hors de question que je commence ce Noël, déjà peu folichon, loin de chez moi et de Macumba. Oui, parce que je sais qu'il y a débat, mais pour moi, Noël se fête le 24 décembre au soir et non le lendemain à midi. Je ne peux pas me résoudre à ouvrir mes cadeaux le 25 à l'heure du déjeuner ! Non, Noël, c'est l'attente qui monte toute la journée, l'atmosphère électrique, les films cultes de l'après-midi, les achats de dernière minute dans des commerces en ébullition, les toasts en guise d'apéritif, la bûche qu'on commence à couper à 23 h 45 alors qu'on n'a plus faim, les cadeaux déballés en vingt-trois secondes top chrono et l'envie de les contempler toute la nuit si l'entourage n'a pas visé à côté. Et puis, c'est la perspective de la grasse matinée du lendemain, car le 25 décembre, on ne réveillonne pas, on ne fait rien !

Ma première option est évidemment Mathias ! Quand je suis en galère, c'est toujours vers lui que je me retourne. Je lui envoie donc un texto. Et j'en suis sûre, il va me sortir de là. Le SOS lancé, j'ouvre ma conversation avec les filles : une péripétie pareille mérite d'être racontée.

Manon : Énorme galère ! Un arbre est tombé sur la voie, on va évacuer le train et être déposés à Steinbourg, en d'autres termes, un « trou paumé », je compte sur Mathias pour me sauver.

Comme d'habitude, Fanny y a vu une opportunité…

Fanny : Tu t'es baladée dans le train ? Repère-nous un célibataire avec qui partager un hôtel du coin !!! 😉

… Emma s'est inquiétée…

Emma : Mais non ! Mais tu es où ? Tu veux que je te cherche un covoiturage ou un hôtel où passer la nuit ? Ou un taxi ?

… et Rose a apporté une solution.

Rose : Ma Manon, pas de panique, je passe un coup de fil, je crois savoir qui est l'homme de la situation.

Alexandre ! Elle va lui demander ! Forcément ! Pour en avoir le cœur net, je lance subtilement :

Manon : Ah oui ? Qui ?

Au même moment, je reçois un message de Mathias. Il part chercher sa voiture au parking pour se mettre en route. Si ce n'est pas la meilleure preuve d'amitié, ça ?! Quelques instants plus tard, Rose écrit à nouveau. Et, comme souvent, elle répond à côté :

Rose : C'est bon ! Envoie-moi l'adresse où tu seras déposée et l'heure approximative, s'il te plaît.

Mais non ? J'annule Mathias, presque sûre de l'identité de mon chauffeur privé.

Fanny m'envoie un texto pour savoir de qui elle peut parler. J'écris : « Alexandre, nan ? », mais elle n'est pas convaincue à cent pour cent. Merde, j'espère que Rose ne va pas nous sortir un nouveau prétendant de son chapeau. Parce que je ne veux pas un candidat surprise, je veux une « valeur sûre ». Je veux le « mec gentil », dont elle voulait me parler initialement.

Une voix me tire de mes pensées.

— Bon, allez, on se la fait, cette partie de Uno ? Il nous reste encore pas mal de temps à patienter, suggère, dépité, le père de Nora et Jade, tout en cherchant dans son sac à dos le jeu de société.

Chouette. C'est toujours ça de gagné.

Et, de mon côté, j'ai sorti un kouglof car, à Noël, c'est important de partager.

58

« Il passait par là »

Soutirer une adresse à une fonctionnaire de la mairie du 15e arrondissement, essayer une horrible robe de mariée, assommer quelqu'un avec une pagaie... À défaut – peut-être – de trouver l'amour, j'aurai vécu des expériences insolites grâce à Rose, Emma et Fanny !

Et maintenant, je m'essaie à la descente d'un train en pleine voie, au beau milieu de nulle part et en pleine nuit, alors qu'il fait 2 °C. Bon, au moins, je ne galère pas à faire rouler une valise sur les graviers... moi. Mais je porte quand même un gros sac plein de jouets appartenant à mes voisins de carré. Je comprends mieux leur proposition de jouer au Uno, c'était pour m'amadouer. Et ça a marché.

Le trajet en car se passe sans encombre. Je suis toujours à côté de Nora, Jade et leur père. J'ai réussi à dérider monsieur, qui est marié. Sa femme Béatrice est sur le coup depuis maintenant deux heures pour leur commander un taxi et leur réserver un hôtel où passer la nuit. Parce que, apparemment, Bruno de son petit nom n'a pas de smartphone ni de carte de crédit.

Personnellement, je n'ai pas ce problème. Quelqu'un vient me chercher : Alexandre, si tout va bien. Alexandre, à qui j'ai pensé à envoyer un texto, « l'air de rien », pour vérifier qu'il est bien l'homme de la situation. Alexandre, que j'attends désormais sur le quai de la gare. Alexandre, qui n'arrive pas et dont je vois le prénom s'afficher sur mon écran de téléphone. Mon cœur se met à palpiter. Je l'imagine déjà me dire qu'il a du retard, qu'il est désolé, qu'il espère que je n'ai pas trop froid. Dans une comédie romantique, ça se passerait comme ça. Mais ce n'est pas une véritable comédie romantique. Non, c'est la réalité, c'est la triste gare de Steinbourg, c'est un 22 décembre déprimant et c'est un message qui dit :

> Alexandre : Hello Manon, tu n'aurais pas une idée de cadeau pour ma grand-mère par hasard ? Elle a tout, et je sèche. Merci ! J'espère que tout va bien de ton côté 😉

Non, Alexandre, tout ne va pas bien de mon côté ! Je poireaute dans une gare paumée et je viens d'apprendre que ce n'était pas toi qui viens me chercher. Et merde, merde, merde ! J'ai envie de pleurer lorsqu'une grosse voiture noire arrive. Je la reconnais tout comme son conducteur. C'est Arthur, le petit-fils de Lucien, Monsieur art abstrait, que l'on peut rebaptiser « le mec du trajet ».

Arthur me fait un signe de la main en me voyant, je le lui rends, et je complète même d'un sourire crispé. Je ne ressens aucun malaise à l'idée de faire ces quatre cent cinquante kilomètres de voiture à ses côtés, mais j'aurais vraiment aimé que le petit-fils de Rose soit au volant. En plus, j'ai menti sur ma passion pour l'art abstrait et si, la dernière fois, j'ai pu donner le change pendant une bonne heure, là, je ne vais pas y arriver. Il se gare un peu plus loin, je m'apprête à le rejoindre mais, d'abord, je cherche ma famille de train pour leur souhaiter un joyeux Noël et une bonne nuit dans leur hôtel type Formule 1.

— Tu as de la chance, j'ai assisté à une expo hier à Strasbourg et je devais rencontrer un potentiel artiste que j'aimerais signer, me lance-t-il, alors que je monte dans sa voiture et le remercie.

Oui, je reste polie. Et voyons le positif, je serai bientôt chez moi.

— C'est fou ! Heureusement que tu étais là, merci.

— Oui ! Rose n'a pas cessé de me répéter au téléphone que c'était le destin, poursuit-il en augmentant la température après avoir vu que j'étais congelée.

Depuis que Lucien est de retour dans sa vie, Rose n'a plus les idées claires, et je ne lui en veux pas. Mais merde, il fallait que ça tombe sur moi.

— Et ça tombe bien qu'on se voie, figure-toi que j'ai peut-être une opportunité de boulot pour toi.

Arthur n'a donc pas reçu le mémo ? Je suis à la recherche d'un mec, pas d'un emploi. Mais je réponds, presque enthousiaste :

— Ah bon ? C'est vrai, pourquoi ?

Le petit-fils de Lucien m'explique alors que la femme d'un de ses amis est directrice marketing chez un « leader du marché félin » et que son équipe s'agrandit. Alors il lui a parlé de moi. Et elle aimerait me rencontrer. Le doute n'est plus permis : je suis cataloguée. Et en même temps, c'est gentil.

Emma me dirait de voir le verre à moitié plein. Si je ne trouve personne, je vais peut-être voir ma vie professionnelle évoluer. « Elle cherchait l'amour. Mais c'est finalement vendre de la pâtée pour chats qui va la faire vibrer… » Non, pas sûr que cela fasse réellement rêver.

Mais c'est tout ce que j'ai. Alors je le remercie et je lui dis que j'aimerais beaucoup rencontrer la femme de son ami. Et ensuite, par peur du blanc, je le relance sur son sujet favori : l'art abstrait.

Pire idée.

Arthur m'assomme avec ses analyses des tableaux de Klimt, mais pas assez pour ne pas réfléchir à la réponse à formuler à Alexandre.

Manon : Hello Alexandre ! Si, si, j'avais noté des idées pour Rose, je te fais une capture d'écran de ma liste. Ça va, même si mon train a été bloqué en pleine voie à cause d'un arbre qui est tombé et qu'on a dû l'évacuer ! Et toi, ça va ?

Alexandre : Merde, comment tu vas faire pour rentrer ? Je peux t'aider ? Ou Macumba est sur le coup ?

S'il savait que je l'ai espéré. Pas que mon chat bouge ses grosses fesses pour venir me chercher. Macumba m'aime, mais il ne se déplace que pour des croquettes. Et en quantité.

Je m'apprête à lui expliquer très clairement qu'Arthur est venu me chercher, car Rose l'a appelé. Que c'est très « courtois » de sa part, mais que c'est le pur fruit du hasard, car il était à Strasbourg. Il passait pour ainsi dire littéralement par là. Ça aurait pu être n'importe qui, et c'est tombé sur lui. Mais je n'ai pas eu le temps. Non pas car Monsieur art abstrait, alias mon « chauffeur privé », m'a relancée sur son peintre préféré, mais parce que Rose a mis les pieds dans le plat. Et le mauvais.

Dans la conversation où son petit-fils est présent, elle a écrit :

Rose : Alors, Manon, comment se passe ce trajet ? Et si c'était Arthur, finalement ?! Feins une fatigue extrême pour t'arrêter à mi-chemin si tu veux passer plus de temps avec lui surtout.

Je suis dépitée.

Je ne sais pas comment « déromantiser » l'information mais, encore une fois, quelqu'un me devance. Alexandre cette fois :

Arthur te ramène ! Tant mieux ☺

Je ne perds pas une seconde et je réponds comme prévu « qu'il passait seulement par là », et il me renvoie « Top ». Enfin non, pire que ça. « Top » et un émoji pouce levé. Le fameux. La situation ne pouvait pas être pire. Je sens que tout propos supplémentaire sera maladroit ou mal interprété, donc je me tais.

Mais je suis dépitée. Vraiment.
Et je maudis ces satanées galères de train.
Et, en plus, j'ai perdu les trois parties de Uno.
Ce qui ne m'était jamais arrivé.

59

Chienne de vie

Vendredi 23 décembre

— Les filles, j'ai percé le mystère Alexandre ! Il a bien quelqu'un en vue, mais il a dit que je ne la connais pas.

Quand Rose a prononcé cette phrase, j'ai failli lâcher la bûche que je m'apprêtais à mettre dans le congélateur. Oui, Fanny a apporté une bûche glacée. N'ayons pas peur des mots : une hérésie, car la bûche glacée n'est rien d'autre que de la glace. Et ce n'est certainement pas le dessert censé clôturer en beauté un repas de Noël digne de ce nom.

Mais ce n'est pas le sujet.

Je ne sais pas comment je vais donner le change après la bombe que Rose vient de lâcher. Alexandre doit arriver dans quelques minutes, et je viens d'apprendre… ça. Donc, il a quelqu'un en vue. Pas Margaux. Ni moi. Quelqu'un que Rose ne connaît pas. Ce qui veut dire qu'il m'a proposé de dîner avec lui seulement parce que j'avais évoqué l'idée. Pour être sympa, quoi !

Déprimant.

Après avoir sécurisé le dessert tout aussi déprimant, j'ai demandé à Rose ce qu'elle avait appris, et mon amie a ajouté :

— Margaux a craché le morceau. Ça n'était jamais arrivé. Comme quoi, il doit vraiment bien l'aimer, celle-là. Mais aucune info sur son identité si ce n'est que je ne la connais pas.

J'ai lâché un « Ah oui ?! » dont j'ai le secret, et Fanny a, malgré elle, enfoncé le couteau dans la plaie.

— Au fait, Rose, pourquoi n'avoir jamais voulu caser votre petit-fils avec Manon ?

Bon, au moins, on sera fixées.

— Mais j'ai tenté ! Je vous en avais parlé lorsqu'on a listé les scénarios, mais vous n'aviez pas l'air emballées. Et tant mieux finalement, car Manon aurait perdu son temps.

Qu'on m'achève avec la bûche glacée…

— Oui, oui, bien sûr mais, sans parler de notre petite expérience de Noël, j'ai l'impression que vous avez présenté à Alexandre toutes les filles que vous pouviez. Mais pas Manon. Pourquoi ?

Ah ! Le couteau n'était pas si bien enfoncé, en réalité.

— J'y avais pensé au tout début. Et puis, en y réfléchissant, je me suis dit que vous alliez me trouver lourde et je ne voulais pas que ça change quoi que ce soit entre nous.

Voyons le semblant de positif : je n'y suis pour rien.

— Surtout qu'une potentielle alchimie entre Alexandre et Manon ne saute pas aux yeux.

Ah si !

C'est officiel. L'amour rend aveugle, et je n'aime plus Lucien.

Personne n'ose rebondir.

Et c'est à ce moment-là qu'il a sonné.

Le principal intéressé. Qui a quelqu'un en vue que sa grand-mère ne connaît pas.

Et qui n'est pas moi.

Oui, répéter l'information va m'aider à l'assimiler.

Cet apéro festif organisé à la dernière minute par Rose en cette veille de Noël s'annonce aussi triste… qu'un 26 décembre lorsque la fête est terminée. Je n'ai pas été foutue de transformer une seule de nos hypothèses en réalité, alors que ma partenaire d'aquagym n'en a tenté qu'une et ses rêves les plus fous se sont réalisés. Je suis ravie de voir Lucien et Rose roucouler comme des jeunes premiers, mais bon, si je suis totalement honnête… ça fait chier ! Et, en plus, je vais voir Alexandre avoir l'air amoureux de je ne sais pas qui.

— Manon, tout va bien ? Ces pauvres huîtres ne t'ont rien fait, si ?

Non.

En effet.

Alexandre, ses cheveux ébouriffés, son pull de Noël ridicule mais adorable, son air sympa, ses yeux toujours verts se tiennent devant moi, et je dis :

— Non, non, je ne crois pas. Enfin, je ne les connais pas personnellement. Peut-être étaient-elles très méchantes autrefois.

Une catastrophe. Encore. Alors je pars vers le salon, le plat d'huîtres dans les mains. Je crois qu'il va rajouter quelque chose, mais non. Je cache très mal mes émotions, alors je mange. Encore une fois. Et beaucoup. Même le pain surprise, qui, comme tous les pains surprises, était mal décongelé.

Parce que personne ne sait les décongeler.

J'ai même mangé l'étage de « la mousse de canard », qui n'a jamais été mon préféré. C'est dire ! Et j'ai écouté Lucien et Rose parler de leurs projets. Venise, puis l'emménagement de Lucien chez Rose pour vivre enfin tous les deux.

Notre amie nous offre ensuite, à Fanny, Emma et moi, un superbe cadeau : un bracelet en or gravé de la date de notre petit déjeuner à *La Rotonde* où tout a basculé. Pour se rappeler de : « Saisir sa chance. Toujours. »

Mouais.

Elle arbore également le même bijou à son poignet. Et elle nous a fait promettre d'être ses demoiselles d'honneur, si jamais Lucien demandait sa main. Je crois que c'est à ce moment-là que je fais une indigestion de pain surprise. Ou de bonnes nouvelles. Alors je fais une association d'idées lamentable et je lance :

— Au fait, je ne sais pas si Marguerite vous a prévenus, mais son estomac va beaucoup mieux depuis que la collègue de Benjamin l'a aidée.

Les filles se tournent vers moi. Et me jettent un regard qui veut dire : « Mais d'où ça sort, ça ? »

Heureusement, j'ai un éclair de génie et prétexte un appel vidéo de ma mère depuis Punta Cana pour prendre l'air sur le balcon.

— Manon, je ne te dérange pas ?

Merde, Alexandre est sur la terrasse à quelques mètres de moi.

Non, non. J'ai juste mangé beaucoup trop de canapés et je suis perdue, mais tu ne me déranges pas.

— Non, non, ma mère a un souci de connexion, je n'ai pas réussi à l'avoir, inventé-je pour justifier le fait que je reste seule, dans le noir, par 3 °C.

En réalité, le froid me fait du bien. Il m'aide à me calmer. Ou il a une nouvelle fois anesthésié mon cerveau.

— J'avais un petit truc pour toi ! Un cadeau à ouvrir demain. Tiens ! Vu que tu es de la team du 24 décembre, toi.

Il me tend le paquet, et je le remercie. Je ne fais pas d'effort, mais je le remercie et lui assure que je l'ouvrirai demain. J'ajoute : « Désolée, je n'ai rien pour toi », mais il dit qu'il s'en moque, et qu'il l'a pris parce qu'il a pensé à moi en le voyant. Je meurs d'envie de savoir ce qu'il contient et, mal à l'aise, je décide de rentrer, en invoquant le froid.

— Oui, oui, tu as raison.

Alexandre, lui, reste fumer dehors.

Je me console en me disant qu'il n'est pas parfait. Mais je ne peux pas m'empêcher de penser qu'à défaut d'arrêter le tabac pour moi, il devrait le faire pour ses poumons certainement très mignons.

Et ce quelqu'un en vue que Rose ne connaît pas.

60

Manon, officiellement désespérée

Alexandre est le premier à avoir quitté le Noël improvisé de Rose. « Un dossier à terminer », a-t-il dit. Certainement un prétexte pour filer retrouver celle qui lui plaît.

Vers 23 h 10, Fanny me propose de continuer la soirée dans un bar ou, pire, en boîte de nuit, mais je n'en ai aucune envie. J'ai préparé mon excuse : le pain surprise, encore et toujours lui, mais je n'ai rien eu à dire. Emma m'a prise dans ses bras avant de lancer :

— Manon, va te reposer ! Et attendons demain l'ouverture de son cadeau. Il y a moyen que ce soit vraiment un truc bien et que Margaux ait dit n'importe quoi.

Si seulement.

— Et sinon, je serai là. En plus, tu as changé de canapé.

C'est vrai qu'il est confortable, mon sofa en velours bleu.

Je n'ai qu'une envie : y passer cette fin de soirée avec Mathias. Tous les deux devant *Love Actually* ou *Maman, j'ai raté l'avion*, comme au bon vieux temps. J'ai besoin de mon Mathias. Et, comme toujours quand j'ai besoin de lui, son prénom s'affiche sur mon écran.

Mathias : Emma m'a envoyé un message. Qu'est-ce qu'il se passe, ma belle ? Tu veux que je fasse quoi ? Tu veux que je vienne ?

Manon : Alexandre a quelqu'un. Rose l'a appris, et ce n'est pas moi.

Je suis en boucle.

Mathias : Mais non ?! Mais non !! J'ai vu comment il t'a regardée. C'est évident que tu lui plais. Non mais j'en mets ma main au feu. Qu'en pense James ? Tu lui as demandé ?

Non, pourquoi ?

Et c'est comme ça que je me retrouve à appeler James Mercier, un 23 décembre à 23 h 53. Et à lui demander d'enquêter pour moi. Je sens bien que le chat me juge, alors je lui lance :

— Arrête ou je ne t'appelle plus que Macumba !

Je n'ai pas fixé de deadline à James. De toute manière, pour Noël, c'est râpé. En revanche, s'il peut avoir l'info pour la Chandeleur ou Pâques dernier délai, ça m'arrangerait.

James : Compte sur moi, Manon ! Tu me connais, personne ne peut me résister.

James : Et ta promotion est validée. Tu auras une offre début janvier sur ton bureau.

Je vais être augmentée et n'aurai plus d'ennemi juré.

Mais je suis totalement désespérée.

61

LE DERNIER COURS DE L'ANNÉE

Samedi 24 décembre

JE NE SAIS PAS CE QUE J'ESPÉRAIS. CERTAINEMENT QUE JAMES me rappelle dans la demi-heure pour m'annoncer que Margaux avait mal compris, que Rose n'avait pas bien entendu et qu'il s'agissait tout simplement d'un quiproquo. Comme dans tout bon scénario.

Mais James ne m'a pas rappelée. De la nuit. Parce que oui, je n'ai pas fermé l'œil. J'ai attendu. Enfin, mes yeux se sont fermés plus d'une fois, mais je ne voulais pas rater son appel alors j'ai lutté pour rester éveillée et, là, il est 8 h 53 et je suis en train de bâiller dans ma cabine glauque de la piscine pour le dernier cours d'aquagym de l'année. Aucune nouvelle de James ni d'Alexandre, mais trois messages d'excuses de Fanny, Emma et Rose, arrivés simultanément.

Emma : Les filles, j'ai accepté de prendre en urgence une patiente au cabinet ce matin, désolée, je ne vais pas pouvoir venir.

Rose : Coucou mes chéries, Lucien m'a suppliée de rester avec lui ce matin, je n'avais pas envie de dire « non », si vous voyez ce que je veux dire.

Fanny : Gueule de bois de mon côté. Sorry, sorry, sorry !!!

Soit.

Mais pourquoi me prévenir à 8 h 53 ?

Et toutes les trois !

Le pire, c'est que je n'avais pas prévu de venir à ce dernier cours de l'année. Quand Alban nous a annoncé qu'il y avait aquagym le 24 décembre, on avait toutes rigolé. Avant de voir qu'il ne plaisantait pas et qu'il fallait être là si on voulait « pouvoir manger pour trois à Noël sans culpabiliser ». Son petit laïus n'avait pas fonctionné sur moi, mais les filles étaient motivées alors j'avais accepté. Pour faire plaisir à la majorité.

Et elles me font ça.

Fatiguée, triste et ballonnée à cause du pain surprise vraiment très mal décongelé, je rentre dans l'eau. Elle a beau être toujours à 29 °C, je meurs de froid.

Je me mets au fond du bassin, comme d'habitude, après avoir salué hypocritement Lucienne, Martine et Josée, dont l'énergie ne fait que m'épuiser encore plus. Stoïque, je grelotte tout en me disant que j'aurais peut-être dû accepter la proposition de Benjamin, finalement. Je n'ai aucune envie de fêter Noël seule à la maison : quand bien même j'ai prévu de savourer du bon saumon fumé, du champagne et une bûche PAS glacée, tout en regardant *The Holiday* et *Maman, j'ai raté l'avion*.

Le un. Et le deux.

Mathias m'a encore proposé hier de passer les fêtes chez ses parents. Mais je ne préfère pas. Non, je vais rester seule avec Macumba, et c'est très bien comme ça. Une fois que je serai bien au chaud chez moi, et que ma playlist de Noël sera lancée, ma déprime s'envolera.

Le cours va commencer, Alban va régler la musique, tout en mettant sur la tête un bonnet de Noël. Ridicule, selon moi.

Sexy, selon les groupies du premier rang. Au même moment, mon regard est attiré par une autre tache rouge en second plan. C'est un slip de bain. Celui de Maurice, qui est dans le thème pour le dernier cours de l'année.

Évidemment.

— OK, on attend que Maurice entre dans l'eau sans se presser et on va débuter ! hurle Alban. Surtout, pas de précipitation ou de grandes enjambées, Maurice, s'il te plaît. Ah… et il est venu avec son petit-fils !

Je lève à nouveau les yeux et je le vois. Ce n'est pas le petit-fils de Maurice, c'est Alexandre qui discute comme si de rien n'était avec l'homme aux cent slips de bain. Je n'en reviens pas. Je… Je… Rien. Enfin si, je le dévisage, sauf que je ne regarde pas son visage. Punaise, même en « caleçon de bain », il est sexy. Et le bonnet ? Parlons-en ! Il lui va. Alors que ça ne va à personne, un bonnet de bain. Je ne fais même pas mention de ses abdos, qui nous gratifient aussi de leur présence en ce 24 décembre.

Respire, Manon, respire.

Alexandre me voit et me fait signe avant de se mettre à l'eau. Pas par l'échelle comme Maurice. En plongeant. Je suis soulagée qu'il m'ait reconnue malgré le bonnet de bain. Instantanément, je pense au cadeau d'Emma, ouvert hier soir. Un nouveau maillot « beaucoup plus joli » que le précédent et un « bonnet digne de ce nom ». Et lavés par-dessus le marché.

Merci, Emma.

Alexandre arrive vers moi, après avoir refusé la proposition de Lucienne, Martine et Josée de faire le cours à leurs côtés.

Respire, Manon, respire. Ne te ridiculise pas. Et ne te noie pas non plus.

— C'est donc lui, cet Alban qui vous hurle dessus tous les samedis, dit-il pour lancer la conversation.

— Eh oui, tu noteras le bonnet ringard pour l'occasion. Tu… Tu es là ?

Je suis en apnée. Et je n'ai même pas la tête sous l'eau.

— Oui, j'avais promis et c'était le dernier cours de l'année, je crois. Dommage que les filles n'aient pas pu venir…, poursuit-il, ironique.

Alexandre s'amuse de la situation.

Ses yeux verts me sourient, et moi je m'apprête à…

— Excusez-moi, je vais me mettre entre vous deux si ça ne vous dérange pas. La musique est trop forte, et je vois mieux ici, lance alors Martine à quelques centimètres de nous.

Elle est sérieuse, la vieille, avec ses deux frites rose fluo ?!

Oui, là, tout de suite, j'ai le droit de l'insulter.

Alban démarre le cours, comme d'habitude, en nous criant dessus. J'ai envie de tourner ma tête à droite toutes les dix secondes, mais je ne le fais pas. Je n'ai pas la synchronisation des mouvements dans le sang, et ce n'est pas le moment de me luxer je ne sais pas quoi. Dans la mesure où il me reste un peu de dignité, avec mon maillot, mon bonnet et mon air fatigué. Nos regards se croisent malgré tout plusieurs fois, et je ne peux pas m'empêcher de sourire en le voyant faire semblant de galérer.

— Ça a dû te changer du trail, non ? débuté-je alors que le cours est enfin terminé.

Oui, en quarante-cinq minutes, je n'ai rien trouvé de mieux. C'était ça ou « Tu manques beaucoup à Macumba ».

— Un peu. Mais c'était… surprenant. Enfin, ce n'était pas si facile que ça. C'est un vrai sport dans le fond.

— Je sais ! C'est ce que je n'arrête pas de dire à James Mercier.

Je ne sais pas ce qu'il vient faire dans la conversation, lui. Coucou, certainement.

— À ce propos, ton collègue m'a appelé hier…

Mais non ?! Et… ?

— … et il m'a…

— Monsieur, s'il vous plaît ! Les hommes, c'est par là, interrompt un maître-nageur à la sortie du pédiluve.

Il fallait qu'il passe par ici ! Contrairement à Georges, mon voisin, il n'a pas le sens du timing, lui.

— Je vais prendre ma douche. On se retrouve à la sortie, Manon ? me demande-t-il tout en enlevant son bonnet de bain.

Je découvre que ses cheveux ne sont pas mouillés, je pense : *Mais comment ?* – mais je réponds :

— Oui, bien sûr. Et sèche-toi bien surtout.

62

Un héros de premier plan

Dans ma cabine, je suis… bien plus réveillée qu'en arrivant. Je m'habille, me brosse les cheveux et bénis le ciel d'avoir pris mon anti-cernes, un blush et du déodorant. En tongs – elles s'étaient planquées sous mon lit, les coquines! –, je m'approche des fameux sèche-cheveux à la hauteur réglable, qui ne fonctionnent qu'une fois sur deux, et je m'applique. Je ne suis pas à cinq minutes près. Ma coiffure ne peut pas être ratée.

Je sors des vestiaires, la boule au ventre. La bonne boule au ventre. Celle qui ne présage que du bon.

Enfin, j'espère.

J'aperçois Alexandre. Il est déjà dehors. Je m'assois pour mettre mes chaussures en respirant. J'enfile ma parka, mon écharpe gris foncé et mon bonnet rose fluo. Je sors mon téléphone pour me donner une contenance. Et je vois deux prénoms affichés sur mon écran.

James, qui me partage sa publication Instagram où il est torse nu en compagnie de Youpi, le corgi.

Je ris.

Et il y a Mathias, qui m'écrit:

J'espère que le cours d'aquagym était sympa, ma Manon <3 Tu es la meilleure. Je t'aime fort. Tiens-moi au courant: je veux savoir si le « mauvais second rôle » est devenu un « héros de premier plan ». (Et je propose officiellement de surnommer James, « l'ennemi juré qui n'en était pas vraiment un ».)

Comme toujours, il a raison. Mais je répondrai plus tard. J'ai rendez-vous avec mon destin.

Oui, rien que ça.

— Pas de cigarette ce matin ? demandé-je à Alexandre, qui me sourit en me voyant.

— Non, je ne suis plus stressé. Le cours est terminé, et tu ne m'as pas assommé avec une frite ou donné un coup de pied.

— Très drôle. Alors, comme ça, tu as eu James au téléphone hier ?

— Oui, figure-toi qu'il a essayé de m'appeler une bonne quinzaine de fois. Quand j'ai vu ses appels, j'ai cru qu'il t'était arrivé quelque chose, me dit-il en remettant une mèche de cheveux qui cachait mon œil droit.

Mais quelle bonne idée j'ai eue de me faire cette frange rideau !

— Et ?

— Et il m'a engueulé ! Apparemment, je n'avais rien compris. Je passais à côté d'une fille géniale en ayant des vues sur quelqu'un que ma grand-mère ne connaissait pas.

— Et c'est le cas ?

Respire, Manon, respire.

Sa main effleure ma joue, mon cœur s'accélère, et mon cerveau, lui, ne semble plus être irrigué correctement.

— Que j'ai des vues sur quelqu'un que ma grand-mère ne connaît pas ? Ou que je passe à côté d'une fille géniale ?

Je souris et réponds :

— Les deux.

— Bien sûr que non. Margaux a inventé cette histoire pour que ma grand-mère me lâche, et je te promets que je fais tout pour ne pas passer à côté de cette fille géniale. Je vais même à l'aquagym un samedi 24 décembre à 9 heures pour ça.

Aucun mot ne me vient. Mais je peux assurer à Emma que je vis pleinement le moment présent.

— Mais bon, ce n'est pas simple, il y a eu pas mal de concurrents. James, l'ennemi juré, très sympa au demeurant, Benjamin, le médecin, Arthur, alias Monsieur art abstrait, qui a passé – la chance ! – cinq cents bornes à tes côtés, et Mathias, évidemment, qui te connaît comme personne… Non, le terrain était miné depuis notre rencontre à la clinique. Ce jour où tu as débarqué dans ma vie avec tes affaires colorées, ta gentillesse, ton sourire… ton coup de pagaie et ton chat, gros et léger à la fois.

— Je comprends pour le coup de pagaie. Je t'apprendrai.

— J'espère bien, même si j'ai un seul regret par rapport à cette soirée…

Qu'on m'apporte de l'oxygène, s'il vous plaît.

— Que Loïc et sa lourdeur nationale n'aient pas eu le temps de nous demander de nous embrasser sous le gui ou une connerie comme ça.

J'éclate de rire.

— Méfie-toi, si tu m'embrasses, tu pourrais vraiment succomber.

— Ah, mais je n'en doute pas, Manon, je n'attends que ça.

Le décor ne fait pas rêver. Aucun sapin, aucune illumination de Noël, aucune chorale d'enfants vêtus de blanc, mais le moment est absolument parfait. Alexandre m'embrasse, et il se met à neiger.

Les météorologues diront « très, très vite fait ».

Mais la légende – qui perdurera sur des générations – racontera, elle, qu'il a neigé.

Et cette même légende taira qu'ensuite Maurice est arrivé et a lâché :

— Le cours était super, non ? J'ai fait ce que j'ai pu, mais ça m'a fait du bien de me dépenser. Et ces chaussons antidérapants changent la vie ! N'est-ce pas, Manon ?

Forcément.

C'est une comédie romantique… qui se déroule dans la vraie vie. Et dans la vraie vie, il y a des Maurice et leurs slips de bain riquiqui, des Fanny qui nous poussent à vivre les expériences les plus folles, des Emma qui sont toujours là pour nous écouter, des Rose qui sèment des petits grains de folie, des Mathias fidèles au poste pour tout affronter à nos côtés.

Et surtout, il y a Alexandre, un personnage qui aurait pu être un « mauvais second rôle », mais qui est en fait l'« heureux élu ».

Épilogue

Je n'ai finalement pas passé ce Noël seule avec Rudolf et Macumba dans mon appartement. Alexandre a prétexté une grippe auprès de sa famille pour rester avec nous. Chat a mis son traditionnel bonnet de Père Noël, et j'ai allumé mon beau sapin, protégeant le cadeau offert la veille par mon « héros de premier plan ». À 23 h 23, je l'ai ouvert. Et j'ai découvert un collier doré, orné d'une mini-pagaie, trouvé par hasard dans une bijouterie fantaisie.

— Bon, je ne pense pas que ça aille dans l'eau et tu risques la réaction allergique à tout moment, mais il m'a fait penser à toi, a-t-il déclaré en me le passant autour du cou.

Qu'est-ce qu'une allergie et des énormes plaques sur la peau si ce collier a été offert par le mec parfait ?!

Et je l'ai embrassé.

Remerciements

🌲 Un immense MERCI à Julien, sans qui l'aventure n'aurait jamais commencé. Merci de me soutenir au quotidien avec Andréa et Brune « parce qu'on est une famille ».
❤ MERCI à Audrey, mon pilier depuis trente ans. Il n'y a pas de « phrase Instagram » pour résumer ce que notre amitié représente pour moi. J'ai hâte de voir ce que les trois prochaines décennies vont nous réserver 🤩
MERCI à Marie-Amélie. Ton aide précieuse et ton optimisme ont fait la différence. Ce livre, c'est un peu notre victoire à toutes les deux.
MERCI à Chouch, Inès, Laure et Laurence qui y ont toujours cru.
Un gigantesque MERCI à Julia 🍀 Merci d'avoir ouvert mon message LinkedIn (en temps normal, l'histoire aurait dû s'arrêter là). Merci de m'avoir lue et de m'avoir laissé ma chance, ce fameux jour où il a neigé à Paris 🎲 Tu m'as fait confiance et accompagnée tout au long de cette expérience incroyable, et c'est une immense fierté de voir mon nom associé à Hauteville.
MERCI à Étienne, le pro de la reconstitution, pour la relecture méticuleuse ! Merci pour tes « Je ne comprends pas trop » et tes commentaires drôles et constructifs.
MERCI à Margaux et toutes les personnes qui ont collaboré à la réalisation du livre au sein de cette belle maison d'édition.

Des tonnes de MERCIS à la fine équipe de bêta-lectrices qui a eu la gentillesse de me relire. Camille, Diana, Gwladys, Hortense,

Julie, Laura, Marion, Julie, Sophie, Audrey et Marie : cette histoire est bien meilleure grâce à vous.
Merci à toutes les personnes enthousiastes dont j'ai croisé la route au cours de l'écriture ou de la publication.
MIAOU à mon chat 😺 ChatPatoune pour les filles, Zach pour moi et Macumba d'après ses papiers. Parce que oui, un nom pareil, ça ne s'invente pas.
Et enfin, MERCI à Manon de m'avoir accompagnée tout ce temps. Je te souhaite une longue et belle vie en librairie, à l'aquagym ou dans les bras de… Non, je ne vais pas l'écrire ici 😉
Je vous donne rendez-vous sur Instagram pour échanger, lire, écrire (@Valentinemaingault_).
Et surtout rire 🌲

Achevé d'imprimer en septembre 2025
Par CPI Brodard & Taupin à La Flèche
N° d'impression : 3062052
Dépôt légal : octobre 2025
Imprimé en France
38122993-1